U0666581

白云涛◎主编

张侃侃◎著

中华道德楷模

道德楷模

（近代卷）

四川人民出版社

图书在版编目（CIP）数据

中华道德楷模. 近代卷 / 白云涛主编；张侃侃著
. -- 成都：四川人民出版社，2022.8
ISBN 978-7-220-12693-2

Ⅰ. ①中… Ⅱ. ①白… ②张… Ⅲ. ①品德教育—中
国—通俗读物 Ⅳ. ①D648-49

中国版本图书馆CIP数据核字（2022）第146330号

ZHONGHUA DAODE KAIMO：JINDAI JUAN

中华道德楷模（近代卷）

白云涛　主编

张侃侃　著

出 版 人	黄立新
责任编辑	董 玲　薛玉茹
版式设计	戴雨虹
封面设计	李其飞
特约校对	张微微
责任印制	李 剑
出版发行	四川人民出版社（成都市锦江区三色路238号）
网 址	http://www.scpph.com
E-mail	scrmcbs@sina.com
新浪微博	@四川人民出版社
微信公众号	四川人民出版社
发行部业务电话	（028）86361653　86361656
防盗版举报电话	（028）86361661
照 排	四川胜翔数码印务设计有限公司
印 刷	成都蜀通印务有限责任公司
成品尺寸	170mm×240mm
印 张	13.75
字 数	260千
版 次	2023年1月第1版
印 次	2023年1月第1次印刷
书 号	ISBN 978-7-220-12693-2
定 价	38.00元

前　言

　　加强社会主义思想道德建设，是发展先进文化的重要内容。在新的历史条件下，继承中华民族几千年形成的传统美德，发扬新时代的优良道德，形成追求高尚、激励先进的良好社会风气，促进中华民族整体素质的不断提高，对于建设社会主义和谐社会，实现中华民族的伟大复兴，具有十分重要的意义。

　　2001年9月20日，中共中央印发了《公民道德建设实施纲要》，明确指出：社会主义道德建设要坚持以为人民服务为核心，以集体主义为原则，以爱祖国、爱人民、爱劳动、爱科学、爱社会主义为基本要求，以社会公德、职业道德、家庭美德、个人品德为着力点，要在全民族牢固树立建设有中国特色社会主义的共同理想和正确的世界观、人生观、价值观，在全社会大力倡导"爱国守法、明礼诚信、团结友善、勤俭自强、敬业奉献"的基本道德规范，努力提高公民道德素质，促进人的全面发展，培养一代又一代有理想、有道德、有文化、有纪律的社会主义公民。

　　2003年9月11日，经中共中央同意，中央精神文明建设指导委员会决定将中共中央印发《公民道德建设实施纲要》的9月20日定为"公民道德宣传日"。

　　公民的道德素养、文明水准是整个民族素质的体现，也是一个国家软实力的重要组成部分。提高公民道德素质，促进人的全面发展，是建设和谐社会的重要精神基础，是构建文明法治、稳定和谐、谅解宽容的和谐社会，实现中华民族伟大复兴事业的强大精神动力。

　　中华民族是一个崇尚道德榜样的民族，历来重视人的道德操守和道德建设，几千年来，涌现出了无数具有强烈感染力和号召力的道德楷模。为了发挥道德模范人物的带动、示范作用，营造知荣辱、讲正气、树新风、促和谐的社会风尚，促进社会主义核心价值体系建设，我们特地组织编撰了这套《中华道德楷模》丛书。丛书共分三卷，即古代卷、近代卷、当代卷。

古代卷为先秦至鸦片战争前，此一时期为中国古代社会，其道德所表现的实际上是传统美德。该卷遴选依据主要为中宣部宣教局组织编写的《中国古代道德故事》、安徽教育出版社出版的《中华道德楷模》丛书、河南人民出版社出版的《中华传统美德修养文库》所涉及的古代人物。

近代卷为鸦片战争至1949年中华人民共和国成立，此一时期为革命与救国年代，属于传统美德和现代道德的过渡期。该卷以"爱国是道德的首要要求"为基本依据，遴选依据除上述三种图书外，重点依据2009年经中共中央批准，中央宣传部、中央组织部、中央统战部、中央文献研究室、中央党史研究室、民政部、人力资源社会保障部、全国总工会、共青团中央、全国妇联、解放军总政治部11个部门联合组织评选出的"100位为新中国成立作出突出贡献的英雄模范人物"。

当代卷为1949年中华人民共和国成立至2021年，遴选依据有两个：一个是2009年经中共中央批准，中央宣传部、中央组织部、中央统战部、中央文献研究室、中央党史研究室、民政部、人力资源社会保障部、全国总工会、共青团中央、全国妇联、解放军总政治部11个部门联合组织评选出的"100位新中国成立以来感动中国人物"；另一个是从2007年至2021年由中央文明办、全国总工会、共青团中央、全国妇联组织评选的四届"全国道德模范人物"。

中华民族是一个讲求道德的民族。正像《公民道德歌》所唱的那样：中国老百姓，炎黄好儿孙，重情重义重品行，立志先立人。爱国又守法，盛世享太平，明礼讲诚信，不负天下人，团结友善一家亲，勤俭自强万事兴。道德重如山，道德贵似金，人生道路上，有德才能行。中国好传统，大家来继承。

不同时代有不同的行为规范和道德水准，我们的遴选标准也有些微差别。但无论古今，"爱国守法、明礼诚信、团结友善、勤俭自强、敬业奉献"都是中华民族最基本的道德行为规范。我们希望通过这套丛书，对促进社会主义核心价值体系建设，提高公民道德素质，培育知荣辱、讲正气、作奉献、促和谐的良好风尚，尽一点绵薄之力。

编　者

2014年12月

目 录

|促进发展，推动进步|

|为国为民，慷慨赴义|

|热血丹心，勇于奉献|

一

民族大义，国之忠魂

林则徐 ⊙

为国为民的禁烟英雄

林则徐（1785—1850），生于福建省侯官（今福州市区）。父亲林宾日，当地的教书先生。林则徐是中国清朝后期著名的政治家、思想家，曾经担任湖广、陕甘和云贵的总督，官至一品。因为主张严禁残害中国人民的鸦片、抵抗西方列强的侵略、坚决维护中国的主权，深受全中国人的敬仰。史学界称他为"近代中国开眼看世界的第一人"。

为中国人的健康而禁烟

中国清王朝的道光年间，国内形势日渐衰败。主要表现在：经济落后、政治腐败、官场贪污成风、军备不足、武器落后、军纪败坏。人们的思想处在一种麻木、压抑和沉闷的氛围中。

与此同时，欧洲的资本主义国家正在迅速崛起。尤其是在18、19世纪工业大革命后，英国具有了当时最先进的生产力水平。他们看到中国庞大的潜在市场，想方设法突破各种障碍，打开、占领中国市场。而中国政府坚持奉行的闭关锁国政策，使得英国向中国倾销其工业产品的预谋遇到了最大的阻碍。为了寻找突破口，他们选择了鸦片这种毒品来冲击中国的对外贸易。英帝国主义先把纺织品运到印度，然后把印度的鸦片运到中国，再把中国的茶叶、生丝等运往英国，英国人在这种三角贸易中获得了极大的利益。各国的毒贩们看到中国这个巨大的毒品市场，蜂拥而至，除了英国，美国、俄国等毒贩也从中亚地区向中国的北方贩卖鸦片。他们官商勾结，甚至出动兵船在近海与毒贩交易，把大量的鸦片运到中国

虎门销烟

境内。他们在全国各地开设烟馆，使得不少中国人沾染上了毒瘾。

由于鸦片进口量的急剧增加，中国的白银大量外流，清王朝的经济已经到了崩溃的边缘。更为可怕的是，鸦片烟的泛滥，极大地摧残了吸食者的身心健康。染上毒瘾的人形容枯槁，为了吸食鸦片，"瘾君子"们变卖家产，使得一个个家庭陷入家破人亡的境遇。甚至军队中也出现了不少"瘾君子"，士兵们丢掉了武器，拿起了烟枪，使得部队丧失了战斗力。就连道光皇帝在即位前也曾经吸食过鸦片，后来猛然醒悟才戒掉了烟瘾。这种局面如果任其发展下去，中华民族将面临灭亡的危险。

林则徐在担任江苏巡抚及湖广总督的时候，就积极主张禁烟。在他的辖区内，他把贩卖鸦片的毒贩和鸦片吸食者一扫而空。鉴于林则徐禁烟的成功，道光皇帝有了想在全国禁烟的想法。他召林则徐入京，一连八天，天天和林则徐在一起商谈禁烟的事情。道光十八年十一月十五日（1838年12月31日），林则徐被任命为钦差大臣，统领全国禁烟。

林则徐成为钦差大臣之后，引起一些反对禁烟的人包括满洲贵族的不满。但禁烟是道光皇帝的主张，碍于皇帝的面子，他们不敢公开反对，却暗中阻挠。以琦善为首的反对派，几番向林则徐威逼利诱。当时龚自珍对林则徐的安危很是担忧，他提议林则徐带着部队前往广东，更愿随林则徐一同南下，一旦发生战争，也可以保证自身的安全。林则徐不想让朋友卷入政治旋涡，便婉拒了龚自珍的好意。

不受贿赂，坚决查烟

林则徐于1839年正月到达广州。他首先明察暗访，详细地调查鸦片走私的情况。他命令那些和外国商人接触最多的行商，到越华书院集合，听候传唤。这些行商们的嗅觉很灵敏，感觉到大事不好，老奸巨猾的行商们决定拿出他们惯用的伎俩——行贿。行商头目伍绍荣妄图以巨资贿赂林则徐，面对金钱的诱惑，林则徐大声斥责他："本官不要你的钱，要你的脑袋！"行商们一看，林则徐不吃这一套，再也不敢用金钱来收买林则徐了。

在经过详尽的调查之后，林则徐发现鸦片烟之所以泛滥成灾，正是由于走私鸦片能获得暴利。在利益的驱使下，不法商人勾结帝国主义列强，把鸦片大量运进中国领土。林则徐和两广总督邓廷桢、广东水师提督关天培等，一方面命令外国烟贩上缴烟枪等吸食大烟的烟具，一方面大力整顿海防，阻断烟贩们的走私渠道。一个月以后，林则徐发出告示，限期在三日内将英国趸船上的鸦片全部收缴并保证以后永不夹带鸦片，如有违反，"货尽没官，人即正法"。三日的期限到了，外国烟贩并没有老老实实地将鸦片全部上交，只是交出了一小部分，想敷衍了事，蒙混过关。林则徐则果断采取措施，第四天即下令传讯抗拒缴烟的带头人——英国大烟贩颠地。但英国驻华商务监督义律，却向颠地通风报信，怂恿他连夜逃跑，还在暗中鼓动烟贩拒绝上缴鸦片，让所有英国船只开到香港去，那里有英国军舰的保护，只要到了香港，林则徐就拿他们没有办法了。林则徐得到这个消息后，立刻派出中国水师的舰船，拦住英国船只的去路。对停泊在黄埔港的外轮实行封仓，一律不准装卸货物，不准继续做买卖。外商雇佣的中国工人全部撤离，并派兵包围了驻外商馆，除了提供必要的食物和饮水外，停止其他物资供应。与此同时，再次发出收缴鸦片的通知。妄图逃跑的大烟贩颠地也没能逃走，而是被当地的渔民截住，抓了回来。此时，义律再也没有花招可耍，只好表示屈服，同意将英国烟贩的鸦片全部交出来。

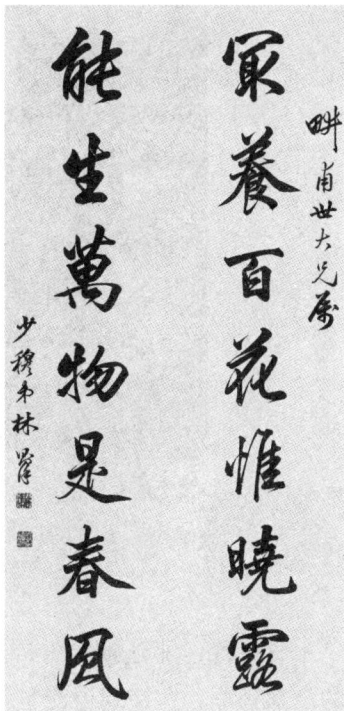

林则徐手迹

林则徐故居

林则徐、邓廷桢等人，亲自乘坐着船只在虎门监督，收缴了英国船只夹带的全部鸦片。在接到道光皇帝就地销毁鸦片的谕旨后，他们准备在虎门销毁鸦片烟。听到这个振奋人心的好消息，远乡近邻的百姓争相赶到虎门海滩，大家要亲眼看一看，这些毒害中国人的鸦片烟如何彻底地被销毁。人们高兴得如同过年一般。

虎门销烟，扬眉吐气

1839年6月3日，是虎门销烟正式开始的日子。林则徐命人在虎门搭起了一座礼台，礼台前面挂着"钦差大臣奉旨查办广东海口事务大臣节制水陆各营总督部堂林"的横幅，并且邀请广东各级官员全部出席。由于销烟是在海滩上公开进行的，又赶在端午节前后，因此人们纷纷前往虎门浅滩观看。一些外商、记者、传教士等，也专程从澳门等地赶来旁观。当然，这里没有一个是英国人。在这些人当中，也有的是不相信林则徐能有办法把所有的鸦片完整销毁，于是前来进行实地考证的。林则徐干脆给他们机会，让外国观察员进入销烟池边，近距离观看销烟的方法，并且沿途详细讲解。

进入销烟的海滩，大家一眼就看到为销烟开凿的两口15丈见方的大池塘。这大池塘前面设有涵洞，后面通着水沟。林则徐先祭拜了海神，然后在邓廷桢、关天培等官员的陪同下，登上虎门观礼台，观看销烟。在隆隆的礼炮声中，一群群光着脊梁、赤着脚板的工人，站在木板上，把劈成小瓣的鸦片抛入放有盐、石灰的池塘中。顿时，销烟池中升起大团大团的白烟，这时候再把涵洞的门打开，销毁的鸦片便随着潮水被冲入大海，消失得无影无踪。人们欢呼着、跳跃着，笑容绽放在每个中国人的脸上。外国记者观看全部过程后，皆心悦诚服，向林则徐脱帽致敬。《澳门月报》《季度评论》《新加坡自由新闻》《广州纪时报》等中外报纸，大篇幅连续报道了虎门销烟的盛况，在全世界范围内引起了很大影响。虎门销烟也得到了反对鸦片贸易的众多外国人的支持及肯定。

澳门林则徐纪念馆雕像

　　整个销烟活动进行了20多天，一共销毁了鸦片19179箱加2119袋，总重2376254斤。

　　"虎门销烟"在一定的历史时期，一定程度上遏制了鸦片在中国的泛滥，并且产生了积极的影响。通过这次禁烟运动，增强了中国广大民众对鸦片烟所具有的危害性的认识。同时，更使全国人民看清了英帝国主义向中国贩卖鸦片的本质，唤醒了人们的爱国意识。因此，人们把林则徐尊为民族英雄，他清廉、正直的品质也为华夏的后人所传颂。但是，虎门销烟并没有挽救清王朝衰败的局面，反而为英国侵略中国制造了借口。根本原因在于，英国政府早就准备对中国发动蓄谋已久的侵略战争，虎门销烟只不过成了外国列强发动鸦片战争的导火索。从这个角度看，虎门销烟加速了中国进入半殖民地的脚步，也从很大程度上推动了中国近代史的发展。然而，腐败的清王朝早就被侵略者吓破了胆，他们把一切罪责强加在林则徐等人身上。林则徐被革职，流放到新疆伊犁，禁烟运动也随之夭折。"苟利国家生死以，岂因祸福避趋之。"林则徐为了国家和民族大义，忍辱负重的形象令人难忘。他堪称是中华民族的道德楷模。

魂扬黄海，壮我国威

邓世昌（1849—1894）原名永昌，字正卿，生于广东番禺。中日甲午战争时为"致远"号巡洋舰管带，在黄海海战中英勇捐躯报国。邓世昌壮烈殉国后，举国悲愤，光绪帝为他撰挽联"此日漫挥天下泪，有公足壮海军威"。

我国第一批优秀海军军官中的佼佼者

1849年（清道光二十九年），邓世昌出身于广东番禺的一家富裕人家，原籍广东东莞。少年时期，曾跟随父亲邓焕庄移居上海。上海是我国近代对外开放的重要窗口，在这里，开明的父亲让邓世昌跟随西方人学习了英语、算术等西学课程。也正是跟随父亲在上海的日子里，少年邓世昌亲眼见到了外国兵舰在黄浦江上横冲直撞、胡作非为，使他感到国家要有强大的海军，才能不受外人欺凌。

1867年，前江西巡抚沈葆桢创办福州船政学堂，开办了培养造船人才的制造学堂（前学堂）和驾驶轮船人才的驾驶管轮学堂（后学堂）。因法国长于制造、英国长于驾驶，因此分别以法文和英文授课。

起初，学堂仅招收福建本地16岁以下、粗通文墨、聪颖伶俐的学生，如刘步蟾、林泰曾、严复等。后因生源不足，招生范围扩大到广东、香港等地，且年龄放宽到20岁。得知此消息的邓世昌，请求父亲准其应考，得到了父亲的支持。1868年，怀着救国志愿的邓世昌，以各门考试都是"优"的成绩考入福州船政学堂，成为驾驶班的第一届学生。那一年，邓世昌已经18岁，比大部分同学都大三四岁。年幼时就怀有发展我国海军抵御外敌梦想的邓世昌，十分珍惜在船政学堂学习的机会，学习目的明确且刻苦。

要成为真正的海军军官，不仅要学好理论，在练习舰的实习也非常重要。1873年，邓世昌和同学们一起登上"建威"练习舰，开始了海上远航。这次航习，先后到达厦门、香港、槟榔屿，历时4个月，在练习舰经受了各种考验。去时由教员驾驶，各学员记录航海日记，测量太阳和星座的位置，练习操纵各种仪器。返航时学员轮流驾驶，教师将航海日记仔细勘对。邓世昌经过两年舰课实习后顺利毕业。

邓世昌在船政学堂攻读五年，各门功课都取得了优异的成绩，而且通过学习对天文、地理、测量、电算、行阵以及中外交涉例文等也都有了更为精深的研究。尤其是在随练习舰到南洋的实习中，表现出实际驾驶、管理舰船很高的素质和技能，深得外教好评。邓世昌因年龄较大比较稳重和老练，也深得沈葆桢的重视，说他是"最伶俐的青年"，是公认的中国第一代海军人才中的佼佼者。

严格训练屡立战功

1874年，由于邓世昌在学习期间的优异表现，被沈葆桢以五品军功任命为"琛航"运船大副。邓世昌经历了保卫台湾、赴朝作战等抵御日本侵略的战斗，也积累了丰富的实战经验。1875年，邓世昌任"海东云"炮舰管带，时值日本派兵入侵台湾，邓世昌奉命扼守澎湖、基隆诸要塞，补六品千总。后调任"振威"炮舰管带，因捕海盗有功，升任五品守备，加都司衔。1879年，清政府大办海军，执掌筹建海军大权的李鸿章听说邓世昌才干出众，调他到北洋海军。1882年，朝鲜内乱，日本拟出兵干涉。清政府应朝鲜政府之请赴朝，邓世昌随行。由于邓世昌率"扬威"迅速赴仁川，较日本兵船早到，粉碎了日本企图扩大侵略的计划。事件平息后，清政府赐予邓世昌"勃勇巴图鲁"的称号。

在北洋舰队期间，满怀救国热情的邓世昌为了中国近代海军的建设可谓殚精竭虑。当时北洋海军舰上官员多陆居，连军士亦常离船游逛，邓世昌忠于职守，极少离舰登岸。他和士兵同甘共苦，同时很注意对士兵进行爱国教育，经常在军中说："人谁不死，但愿死得其所尔。"1891年，北洋海军举行第一次会校，邓世昌督察船务尤力，不肯休息。有人担心他累坏身体，劝他注意休息，他却说："古人以身许国为职志，何况我们身为军人，只要对国家有利，个人的生命算不了什么。我们应该不怕艰险，随时准备为国家献身才是。"在中法战争期间，适值邓世昌的祖父和父亲双亡，但他以军人卫国天职为重，未

致远舰官兵。中间左为邓世昌，右为北洋水师总教习、英人琅威理

请假回家。1891年，李鸿章检阅北洋海军，邓世昌因训练有功，获得了"葛尔萨巴图鲁"勇名。

邓世昌本可以以优异的学习成绩留洋深造，但由于国内缺乏海军人才，因而他一直坚守岗位未能出国留学。但由于其渊博的学识和扎实的实战经验，多次被派往国外接收新的舰船。他每次出国都认真考察西方海军情况，在参观英、法、德各国海军营垒时，悉心学习外国先进的军事技术和经验，而且于回国途中积极率部演练海战战术与航海技术。

甲午海战油画

1880年，记名提督丁汝昌去英国接收订购的"超勇""扬威"两艘快舰，邓世昌随行并亲自驾驶"扬威"舰。他们驾驶着悬挂中国旗帜的军舰在大洋上航行，这不仅是前所未有的事情，同时也使欧洲各国知道了中国海军，并在航行中获得了各国的尊敬。1887年春，邓世昌率队赴英国接收清政府向英、德订造的"致远""靖远""经远""来远"四艘巡洋舰，年底回国。归途中，邓世昌沿途安排舰队操演练习。"终日变阵必数次"，时而操火险，时而操水险，时而作备攻状，时或作攻敌计。他在训练中严格要求部属，人们称赞他带领海军士兵"使船如使马"，就像在陆地上一样灵活。因接舰有功，邓世昌升副将，任"致远"舰管带。后来，北洋海军正式组建成军，邓世昌升至中军中营副将，任"致远"舰管带。

黄海海战壮烈殉国

1894年7月，甲午战争爆发。为支援平壤的清军，清政府雇佣招商局5艘轮船运兵，令丁汝昌率北洋舰队主力护航。参加护航的有"定远"舰和邓世昌为管带的"致远"等12艘舰。9月17日，在返回旅顺途中，与正在寻找北洋舰队主力的日本舰队相遇。日本舰队发现北洋舰队后，以"吉野"等4艘快舰组成的第一游击队为先锋，以旗舰"松岛"等6舰组成的本队在后，形成"一"字竖阵，凶恶地向北洋舰队扑来。丁汝昌下令迎敌，列成"人"字阵向日本联合舰队冲去，黄海海战爆发。

双方交火不久，旗舰"定远"桅杆被日舰排炮打断，帅旗被打落，丁汝昌也身受重伤，整个舰队有失去指挥而陷于混乱的危险。紧急时刻，邓世昌知难而进，立即在自己舰上竖起帅旗，从而稳定了军心。海战进行到白热化阶段以后，日本联合舰队将"一"字竖阵变为太极阵，把北洋舰队"人"字阵裹于中间，北洋舰队处于非常不利的地位。接着，"致远"等三舰又被划出阵外，陷入了日本联合舰队第一游击队的包围之中。在这种险恶的形势下，邓世昌毫不气馁，前后火炮一齐开火，连连击中日舰。

中日甲午战争博物馆

号称"帝国精锐"的日本联合舰队第一游击队"吉野"等4艘快舰，驶至旗舰"定远"前方，企图攻击旗舰。邓世昌为保护旗舰，开足马力，挡在"定远"前方，使旗舰转危为安。但"致远"却招致日本舰队围攻，多处受伤，全舰燃起大火，于是邓世昌决心放手一搏，指挥战舰全力撞向日舰"吉野"号。日兵见状大惊失色，集中炮火向"致远"射击，不幸一发炮弹击中"致远"舰的鱼雷发射管，管内鱼雷发生爆炸导致"致远"舰沉没。邓世昌坠落海中后，其随从以救生圈相救，被他拒绝，并说："我立志杀敌报国，今死于海，义也，何求生为！"所养爱犬"太阳"亦游至其旁，口衔其臂以救，邓世昌誓与军舰共存亡，毅然按犬首入水，自己亦同沉没于波涛之中，献出了宝贵的生命，时年45岁。

邓世昌为国殉难后，在国内外引起很大的反响，山东威海百姓自发出海打捞英雄的遗体，连当时在场观战的英法海军，都无不称赞他"忠勇为不可及"。1996年12月28日，中国人民解放军海军命名新式远洋综合训练舰为"世昌"舰，以示纪念。邓世昌是甲午海战中的民族英雄，其在海战中显现的誓与战舰共存亡的民族气概和爱国精神名垂千古。邓世昌的这种忧国忧民和为国家民族大义，勇于牺牲自己的伟大爱国主义情怀永远值得我们学习。

杨靖宇 ⦿

令敌人折服的抗联英雄

杨靖宇（1905—1940），原名马尚德，字骥生，化名张贯一、乃超，河南确山人（今河南驻马店）。中共党员，东北抗日联军创建人和领导人，抗日名将。1940年2月因叛徒出卖，在深山密林中被日军围困杀害。

抛家舍业、出生入死的革命者

杨靖宇出身于普通农民家庭，学生时代积极投身反帝爱国运动。1924年国共合作时期，为配合北伐军进军河南，毅然从河南省立第一工业学校辍学返乡，任确山县农民协会会长。1927年参与领导确山农民暴动，同年入党。大革命失败后，组织确山起义，任农民革命军总指挥。1928年春，杨靖宇带着尚未痊愈的枪伤，到确山、信阳、开封、洛阳等地从事党的秘密工作。其间曾三次被捕，经党组织营救后脱险。

杨靖宇17岁结婚，生有一双儿女。但是为了革命工作，他常年在外奔波，无法顾及家庭。他妻子一人带着年幼的儿女，还要照顾年迈的婆婆，靠种几亩薄地为生，生活异常艰难，常常靠借贷度日。1928年，杨靖宇在小女儿出生的第五天，为服从组织需要，毅然离开家乡奔赴新的战斗岗位，从此再也没有回到故乡李湾村。他离开家乡不久，国民党就抄了他的家。敌人的迫害、贫困的折磨使得杨靖宇的母亲和妻子先后离世。

1929年春，党组织派他奔赴东北，任中共抚顺特别支部书记，领导抚顺煤矿工人开展反对日帝的斗争。他深入矿厂做宣传，积极组织工会。他把矿工当成自己的父老兄弟，和他们一同劳动、生活。矿工也把他当作最贴心的兄弟。

杨靖宇组织矿工们发动了为增加工资、抗议无理由裁员的大罢工，取得了胜利。然而由于叛徒告密，他不幸被捕入狱，日本特务用尽各种酷刑，还让叛徒出面对质，杨靖宇毫不动摇，坚贞不屈，没有泄露半点党的机密。日特只好把他转送到中国法庭。法官以"破坏国际友好"的罪名将其判刑一年半。杨靖宇刑满释放后被中共满洲省委派往哈尔滨工作。由于沈阳互济会被敌人破坏，杨靖宇的行踪暴露，在他出狱后的第三天再次被捕。九一八事变后被党组织营救出来。

杨靖宇不顾久经折磨、虚弱不堪的身体，刚出狱就赶到哈尔滨，找到党组织要求工作。他先后任东北反日学会党团书记、中共哈尔滨道外区区委书记、哈尔滨市委书记，他积极发展党员，在群众中进行抗日救亡宣传。在白区4年多的工作中，他5次坐牢，经历了复杂、恶劣的斗争环境考验，身心得到锻炼，政治工作上更加成熟稳健。

天才的游击战略家和组织者

1932年秋，杨靖宇任中共满洲省委军委书记，开始领导东北抗日武装斗争。他被派往南满，组建中国工农红军第32军南满游击队，任政委，创建了以磐石红石砬子为中心的游击根据地。杨靖宇领导游击队运用灵活机动的游击战术，在根据地人民的大力支援下，粉碎了敌人4次围攻，并主动出击，在不到5个月的时间内，进行大小战斗60余次，打死打伤日伪军130余人，缴获许多武器弹药。游击队在战斗中越战越强，由建队时的不足百人，扩大到250余人，名扬南满。杨靖宇被誉为"非常难得的游击战争领导者"，成为南满游击队的灵魂。

1933年1月26日，党中央发出《给满洲各级党部及全体党员的信》，指出党在东北的迫切任务是建立反日民族统一战线。为贯彻"1·26"指示精神，杨靖宇决定取消红军番号，建立东北人民革命军第1军第1独立师。他积极奔走于磐石、海龙、伊通之间，联络、争取各路抗日军，壮大抗日力量。在游击队与抗日军的几次联合作战取得胜利后，各路抗日军对杨靖宇及其游击队分外钦佩，出现各抗日武装大联合的局面。1933年9月18日，东北人民革命军第1军第1独立师在磐石正式成立，杨靖宇任师长兼政委。这标志着党领导的东北抗日武装斗争进入新的阶段。

南满地区抗日斗争的发展，引起日伪统治者不安，他们调集日伪军1万余人，分3期对磐石、伊通、桦甸等县进行了40天的大讨伐。磐石游击区遭到严重破坏。杨靖宇和磐石县委为保存实力采取避实就虚、积极防御方针，南下开辟新的根据地。他们一路上积极宣传党的抗日主张，受到抗日群众的欢迎。独立师挺进江南后，奇袭三源浦，捣毁铁路工程局、伪警察署和兵营，然后北上智取凉水河子，强攻临江县八道江。素以奸诈著称的伪军头子邵本良及其部队被打得晕头转向，整日疲于奔命。独立师南征北战、节节胜利，不仅打击了日伪军气焰，而且扩大了影响，许多抗日军前来接受领导。此后独立师驰骋南满大地，连续进行了通化水曲柳、临江三岔子、金川大荒沟、临江林子头等系列战役，给敌人以沉重打击。1934年4月，杨靖宇率部联合17支抗日武装成立抗日联合军总指挥部，任总指挥。到1934年8月，独立师已发展到800余人。所属部队活动区域已扩展到辉发江南北两岸10余县，给日伪在南满的反动统治造成了极大威胁。日本关东军惊呼："枪支齐整，异常凶猛。"

自南下以来，杨靖宇与邵本良所率领的伪军进行了反复较量，1936年4月15日，杨靖宇率部在辑安县伏击伪军骑兵教导团，毙敌十余人，俘敌40余人。4月30日，将伪军引入包围圈，打垮其1个营，毙伤敌人80多名，缴获迫击炮1门、机枪2挺、长短枪百余只，其他军用物资甚多。8月4日，在通化四道江设伏痛击伪军，邵本良逃跑，日本指导官英俊志雄被击毙。从此邵本良一蹶不振，于1938年正月在懊恼中死去。

在游击战争中，杨靖宇潜心研究战术、认真总结经验。提出"四不打"作战原则：地形不利不打、不击中敌人要害不打、付出代价太大不打、对当地人民损害太大不打。在作战中他灵活运用声东击西、突然袭击、避实就虚、调虎离山、围点打援、化妆袭击等游击战术。他没有时间撰写军事著作，但人们从他的实践中得出了这位高级指挥干部的作战思想，公认他是"天才的游击战略家和组织者"。

威震东北的抗联司令

1936年6月，杨靖宇任东北抗日联军第1军军长兼政治委员。7月任东北抗日联军第1路军总司令兼政治委员。率部长期转战东南满大地，打得敌人心惊胆战，威震东北。日伪军连遭打击后，加紧对抗联的军事讨伐、经济封锁和政治诱劝，同时对杨靖宇悬赏缉捕。在极端艰难条件下，他以"头颅不惜抛掉，鲜血可以喷洒，而忠贞不贰的意志是不会动摇的"崇高气节，继续坚持战斗。

1937年，中国进入全面抗战时期。为牵制日本关东军入关，配合、支持全国抗战，杨靖宇率抗联第一路军主动出击，制订袭击奉海铁路（沈阳至梅河口）

吉林省通化市杨靖宇烈士陵园中的东北抗联战士雕塑

吉林省白山市靖宇县杨靖宇纪念碑

作战计划，进行了新宾黄土岗战斗；又在广大群众的配合和支持下，采取机动灵活的游击战术，在宽甸县双山子、四平街痛击日军守备队，毙伤日军水出、陆岛队长以下30余人，在本溪县碱厂沟与日军牛岛部队交战，击毙牛岛队长以下50余人。在本溪县大石湖、桓仁县大甸子、冷沟等地，多次与日伪军激战，有力地钳制了日本侵略军。

日本帝国主义一直把东北作为征服中国的战略基地。东北抗联的存在，似一把尖刀插入敌人的心脏，动摇了日伪反动统治，敌人称杨靖宇为"满洲治安之癌"。为此，1938年起，日本关东军司令部调动日伪军警6万余人，对杨靖宇及抗联一路军进行"大讨伐"，特别强调："对于捕杀匪首杨靖宇等须全力以赴。"其行动策略是："同时遇到抗联和抗日山林队，专打抗联，不打山林队；若是同时遇到杨靖宇和其他抗联部队，专打杨靖宇，不打其他抗联。"在军事讨伐的同时，日伪当局采取收买汉奸、政治诱降、组建叛徒武装等方式，对抗联进行分化瓦解。至此，东北抗日武装斗争进入了极端艰难的时期。在反"讨伐"斗争中，杨靖宇率部采取夜袭、伏击、迂回等游击战术，与敌周旋苦战。1938年，杨靖宇指挥部队开展一系列斗争：袭击老岭隧道工地敌人，取得蚊子沟、土口子、长岗、岔沟、木箕河、大蒲柴河战斗的胜利，击毙日本指挥官西田重隆，消灭了日伪称之为"剿匪之花"的伪满军"索旅"，粉碎了敌人策划的"东边道大讨伐"。

令敌人折服的英雄

进入冬季，斗争更加艰苦，抗联战士缺衣少食，经常十天半月吃不到粮食，常常是渴了抓把雪，饿了吃些树皮、野菜、草根。没有鞋穿，就用麻袋片或破布把脚包起来在雪地上行军，常常是空腹与敌军搏斗。由于敌人实行了"梳篦式讨伐"和"狗蝇子战术"，战士们甩掉一股敌人不久又遇到一股敌人，体力消耗很大。加上长白山地冻天寒，气温经常是在零下三四十摄氏度，不少战士都冻掉了手指和脚趾。由于缺医少药，许多战士因此献出了宝贵生命。

1938年夏，因一师师长程斌叛变，抗联一路军活动更加艰难，在那尔轰的东北岔一带被4万多日伪军层层包围。天上有敌机，地上有机枪大炮和运送粮食、弹药的汽车。为掩护各部队转移，杨司令带领300多人在正面吸引住敌人火力，由机枪连开路，生生撕开一条口子。当部队突围到五金顶子时，敌人又纠集了更多的兵力，战士们很难得到休整。1940年2月，杨靖宇和战士们同吃着一碗用雪水熬煮的糊糊，十分沉静地对警卫员说："就是我们这些人都牺牲了，还会有人继承我们的事业，革命总是会成功的。"此后5天，他没有吃到一粒粮食，饿了就以草根、棉絮充饥。2月23日下午，敌人在濛江县保安村三道崴子包围了杨靖宇。他以难以想象的毅力，坚持和敌人进行顽强斗争，直至弹尽，壮烈牺牲。当残忍的日军将其割头剖腹，发现他的胃里尽是枯草、树皮和棉絮，竟无一粒粮食。壮士喋血，为争民族之气，连残暴的侵略者也被震惊和折服了，称："虽为敌人，睹其壮烈亦为之感叹：大大的英雄！"

血洒珠河的抗日女杰

赵一曼 ●

赵一曼（1905—1936），原名李坤泰，又叫李一超。毕业于黄埔军校六期，曾就读于莫斯科中山大学，抗日战争时期任东北抗日联军第三军第二团的政委。她率领军民多次与日寇展开殊死搏斗，在白山黑水之间的一次浴血奋战中，不幸被日寇俘虏。敌人用尽各种酷刑，她始终坚贞不屈，最后慷慨就义，为国捐躯。她是中国共产党的优秀党员，后来人称她为"抗日民族英雄""中国人民的好女儿"。

掌握自己命运的人

赵一曼1905年出生于四川宜宾徐家乡伯阳嘴的一个地主家庭。赵一曼读书时的老师是大姐夫郑佑之。在大姐夫的影响下，赵一曼懂得了许多做人的道理。有一次大姐夫问她：你将来要做什么样的人？这让赵一曼陷入了沉思：自己今后的命运将会由谁来安排呢？天亮时，她终于想明白了："从现在起要发奋读书，一定要掌握自己的命运！"

1921年冬天，大姐夫郑佑之来到赵一曼的家里，向赵一曼讲俄国的十月革命，讲五四运动，临走时给她留下了全套教科书，还有一本字典。赵一曼如获至宝，每个星期，她都会把习题、作文、日记托人交给大姐夫批改。后来，她又开始学习英文。大姐夫把一个个字母都注上注音符号，教给她拼音方法。她看不懂的，就写信去问，再有不清楚的地方，就等假期弟弟回来问。就这样，她读完了第一册英文课本。后来，大姐夫又给她寄来一批书报，有《中国共产党宣言》

《新青年》《觉悟》《妇女周报》，还有一些宣传妇女解放、男女平等的小册子。赵一曼从中学到了许多革命道理。

1923年，赵一曼在大姐夫郑佑之的培养下，加入了中国社会主义青年团，她终于不再苦闷和彷徨。1924年6月，赵一曼写了一篇自述文章《请看我的家庭》，寄给《女星》和上海《妇女周报》，她在文章中写道："我自生长在这黑暗家庭中十数载以来，并没有见过丝毫的光亮。阎王似的家长哥哥就把我关在那铁篱城里，受那黑暗之苦。近数载以来，多蒙现社会的新学诸君，在那高山顶上，大声疾呼，隐隐的声音，也吹入我铁篱城中来了……我到这个时期，已经觉悟了……务望亲爱的同志，援助我，替我做主呀！……"

赵一曼和她的儿子

文章被刊登在8月11日出版的第51期《女星》上，该刊以"在家长似的哥嫂下生活的李一超女士求援"为题，发表了赵一曼的文章，并加了编者按语，希望读者能帮助赵一曼从苦难中解脱出来。

赵一曼的文章发表后，虽然遭到一些守旧派的反对，但也得到了社会舆论和朋友们的支持。大姐夫郑佑之也复信支持鼓励她，并让她把妇女组织起来，共同反抗封建势力。1925年4月，白花场妇女解放同盟会正式成立了，李坤杰为会长，赵一曼任文书，负责内外联络，以及处理日常事务。赵一曼鼓动妇女们"要做人，不做任人宰割的羊羔！"这引起了豪绅、地主们的不安，他们指使流氓、地痞跟妇女们作对，明里暗里搞破坏活动。他们向妇女解放同盟会的门前扔垃圾、泼粪便。有一次，赵一曼和几个女伴开完会回家，几个流氓跟在她们后面嘲笑说："嘻嘻，是个人脚丫！还没穿耳朵！"

赵一曼和同伴们一起跳到路边，每人拣起一块石头，愤怒地对流氓说："你们哪个敢再说一句，敢向前再走一步，我们就砸烂他的脑壳！"流氓们吓得转身逃跑了。

赵一曼还向成渝两地和宜宾各进步团体发出呼吁，很快得到了这些进步团体的支持，有的报纸还发表文章声援。妇女解放已经形成一股强大的洪流。以胡丹槐等为首的当地封建势力，也被迫收敛了他们对妇女解放同盟会的破坏行为。

走向新生活

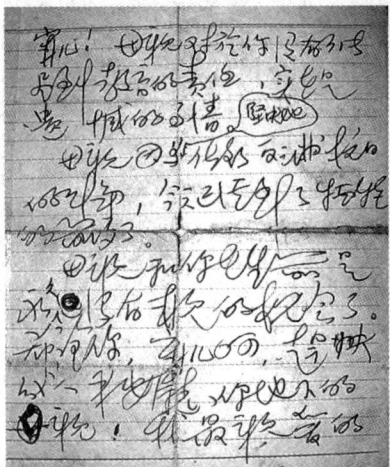

赵一曼写给儿子陈掖贤的遗书第一页

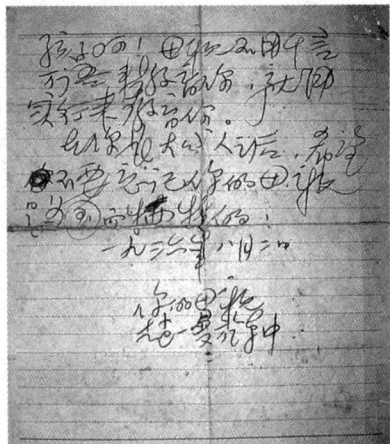

赵一曼写给儿子陈掖贤的遗书第二页

1926年2月，赵一曼由青年团员转为中共党员，还费尽周折取得母亲同意，去县城宜宾女子中学读书，她长久的读书愿望终于实现。在学校里，赵一曼被选为团支部书记。她根据团县委指示，动员女同学参加社会活动，并且带头唱歌、演戏，组织时事讨论。在中共宜宾特支的领导下，宜宾女中成立了学生会，赵一曼被选为交际干事，同时担负宜宾学联的宣传工作。她还在县党部负责妇女工作并负责指导。她时常带领同学上街宣传，和男校的同学举行联欢活动等，人称"疯丫头赵一曼"，成了引人注目的人物。

1927年初，赵一曼经党组织推荐，考入武汉中央军事政治学校（此前名为黄埔军校武汉分校）学习，进入了中国共产党培养的第一批女兵的行列。赵一曼非常喜欢军队生活，睡觉时，鞋子、服装、军帽、绑带、皮带都要放在一定的地方。按教程她学会了队列、进攻，还学会了各种射击技巧。

"宁汉合流"以后，军校被迫停办。1927年9月，党组织派赵一曼去苏联学习。在去苏联的途中，赵一曼结识了黄埔军校六期的学员、湖南青年陈达邦，他们在相处中，逐渐产生了爱情。交往不到半年，赵一曼突然宣布结婚。有人劝她说："人生只有一次爱情，何况现在也不是安排个人生活的时候。"赵一曼微笑着说："正因为我不愿让私生活耗去更多的时间，才做出这个选择。"

由于学习繁重，赵一曼的肺病加重了。党组织考虑到苏联寒冷的气候对赵一曼的病情不利，于是决定让赵一曼提前回国。1928年，赵一曼只身一人，来到湖北宜昌这个陌生的地方，通过一个船员的帮助，在江边租了一间板棚。这里的工作虽然不多，却很烦琐。她要分发文件，有时要去买船票，接送过路的同志。

在忙碌中，已怀孕的赵一曼生下了儿子，并为儿子取名为"宁儿"。后来，联络站暴露了，赵一曼便带着宁儿，悄悄离开了宜昌。

血洒珠河

1928年11月，赵一曼回到了上海。九一八事变后，党中央决定加强东北的反日救国运动，派一批干部去东北做工作。赵一曼主动要求前往，投入到新的斗争中去。

这时，中共满洲省委组织部长何成湘找赵一曼谈话，问她有何打算，赵一曼坚定地回答："到游击区去！"1934年7月的一天，赵一曼化装成农妇，和医生张险涛、工人老魏一起登上了去珠河的火车。赵一曼来到珠河县，任县委常委、特派员和妇女会负责人。她和战友一次又一次地完成了艰巨的任务，拿下了好几个敌人的哨所，夺得的枪支弹药武装了新成立的游击队。

在一个月沉星稀的夜晚，突然，村子外面传来了枪声。房东大娘急忙叫醒熟睡中的赵一曼："快起来！鬼子来了！"赵一曼赶忙起身，把文件塞进炕洞里，抽身就往外跑。可是赵一曼浓重的南方口音，立刻引起了伪军的怀疑，赵一曼被捕了！在审讯中，赵一曼用强有力的政治攻势，说服了伪军而获得了释放。

这年，赵一曼被任命为第二团的政委。这天，赵一曼和团长王惠同率领第二团在转移途中被鬼子发现，他们被困在了密林之中。这时，已是大雪封山的11月份，储存的粮食很快吃完了，赵一曼鼓励战士们发挥聪明才智与饥饿和寒冷作斗争。于是，战士们就靠猎取野兽度日。一天将近黎明时，被冻醒的赵一曼突然听到四周枪声大作，她猛地跳起来大喊："敌人来了！准备战斗！"此时，日军横山炮兵预备队、吉田部队、珠河县警察队等500余人，向赵一曼他们的驻地围攻而来。突围中，赵一曼左腕负伤，她咬紧牙关将最后一枚手榴弹投向敌群后，就滚下了山崖。在山沟里苏醒过来的赵一曼，先后与负伤的战友老于、交通员刘福生、妇女会会员杨桂兰碰在一起，她们相互搀扶着躲进了一间窝棚。

几天后，一个汉奸进山发现了正在冒烟的窝棚，就报告给了日本人。日本搜山队进山搜查，正好碰上老于去买药，他刚走出窝棚的门，就被鬼子击中倒在雪地里。赵一曼冲出去扶老于，一颗子弹射进了她的左腿，立刻血流如注。敌人包围过来，抓住了赵一曼和杨桂兰。

敌人在审讯赵一曼时，赵一曼英勇不屈，怒斥张兴武等汉奸枉为中国人，是忘了祖宗的禽兽！气得张兴武拔出尖刀残忍地刺进赵一曼刚愈合的伤口里。敌人不间断地轮番审讯，得到的只有赵一曼的痛骂和斥责。于是他们大施淫威，钢鞭抽、皮鞋踢、烟头烧……看护人员董宪勋、韩勇义都是有良知的中国人，他们看到敌人这样折磨赵一曼，既难过又同情，就想方设法保护赵一曼，让她少受折磨。赵一曼深知与其坐以待毙不如奋力抗争！她决定团结董宪勋、韩勇义一同逃出虎口。

29日早上，换班的警士不见董宪勋，只见满地砸烂的玻璃和横在门上的铁锁。警厅顿时炸开了锅！他们抓住了送赵一曼的白俄司机，在酷刑下，白俄司机供出了赵一曼的去向。于是，特务们张牙舞爪地追了上来。赵一曼再次被捕。

赵一曼牺牲地雕像

1936年8月2日，赵一曼被押上去珠河的火车。在车上她给儿子写下了最后一封信："宁儿：母亲对于你没有尽到教育的责任，实在是遗憾的事情。母亲因为坚决地做了反满抗日斗争，今天已经到牺牲的前夕了。母亲和你在生前是永远没有再见面的机会了。希望你——宁儿，赶快成人来安慰你地下的母亲！我最亲爱的孩子啊，母亲不能用千言万语来教育你，但母亲要用爱国的实际行动来教育你。在你长大成人后，希望不要忘记你的母亲是为国而牺牲的！1936年8月2日你的母亲赵一曼于车中。"

来到珠河县城，敌人把赵一曼放在马车上"游街示众"。她哼着《红旗歌》，镇静、从容。下车后，赵一曼走到小北门外的草坪中央。敌人的枪口对准她那单薄而坚实的身躯。一名日本军官走到赵一曼跟前低声问："你还有什么话说吗？"赵一曼把手中的纸卷儿甩过去，大声说："把这些话传给我家乡的人民，传给我的儿子！"日军军官看看字条，揣进了衣兜。然后，他向军警们猛一挥手，罪恶的枪弹带着悲鸣飞向赵一曼……她的鲜血洒在了祖国的白山黑水之间，染红了祖国温暖的大地……

张自忠 ⓐ

将军血染大洪山

张自忠（1891—1940），字荩臣，又字荩忱，中华民国陆军二级上将，原西北军将领，中原大战后受政府改编，任第29军第38师师长，参与喜峰口战斗。1935年冀察政务委员会成立后，先后任察哈尔省主席、天津市长。1937年七七事变后，代理冀察政务委员会委员长与北平市市长。先后任59军军长、33集团军总司令兼第五战区右翼兵团司令。参与临沂战役，徐州、武汉、随枣与枣宜会战等。在枣宜会战中殉国，享年49岁。他是中国抗战史上的传奇人物，是反法西斯战争中牺牲的官阶最高的将军。

宁为百夫长，不做一书生

1891年8月11日，张自忠生于山东省临清县唐园村。张家为临清望族，其父张树桂（字冬荣）曾任江苏省赣榆县知县，1905年卒于任内。张自忠6岁入私塾，后随父至江苏，由父亲教导。父亲过世后随母扶柩返回临清，1908年进入临清高等小学堂就读，1910年，张自忠考入天津北洋法政学堂，在这里他接触到资产阶级革命纲领及孙中山的三民主义，这些进步思想对他的成长产生了深深的影响。1911年底，他加入同盟会，投入到轰轰烈烈的革命运动中。当他得知济南山东法政专门学校校长丁惟汾是山东省同盟会的负责人，经常向学生传授进步思想，并组织学生参加进步活动后，便由天津来到济南，转入山东法政专门学校，投身于山东的革命活动之中。

积极投身学生运动的张自忠意识到仅仅依靠四处奔走呼号、宣传革命以及坐在教室里苦读书本来挽救国家民族命运是远远不够的，只有拥有强大的武力才有改变国家命运的希望。经过深思熟虑，张自忠决定弃笔从戎。

1914年，张自忠前往奉天（今沈阳），投奔驻屯在新民屯的陆军第20师第39旅87团车震团长，从此开始军旅生涯。

喜峰口战役，刀光闪烁气峥嵘

1933年3月4日，日军占领承德后继续往南，企图占领长城各要塞，以染指平津。第29军奉命至平津咽喉喜峰口，阻止敌人前进。时任第29军第38师师长的张自忠被委任为29军前敌总指挥。3月7日，张自忠与第37师师长冯治安在距喜峰口30公里处设立敌前指挥所。9日开始，中日双方在喜峰口周边激战，几处高地失而复得，双方开始拉锯，日军依靠先进的武器包括飞机、坦克、大炮等，对我军造成极大的威胁，我军伤亡惨重，战况极为惨烈。张自忠急令110旅急行军赶赴澈河桥，113旅赶赴滦阳城，增强一线兵力，战局稍稍稳定。

日军武器精良，而我军装备供给相对都很差，如与敌人正面作战，对我军尤为不利。张自忠根据我军装备差的弱点，建议与敌人展开夜战、近身战，经与冯治安及109旅旅长赵登禹商议后，决定进行夜袭。他把第一线正面交给王志邦部驻守，赵登禹旅、董升堂团从左翼出潘家口，绕至敌右侧背，攻击喜峰口西侧之敌；113旅226团杨干营从右翼经铁门关出董家口，绕至敌左侧背，攻击喜峰口东侧之敌，形成东西夹击之势。

由于西北军的传统，第29军士兵均配一副大刀，因此夜袭队又称为"大刀队"。11日黄昏，夜袭部队身背大刀，冒着风雪，趁着夜色，踏着崎岖的山路悄悄摸到日军后方。董升堂团于午夜零时赶至北三家子、后杖子日骑兵营地，用大刀、手榴弹歼灭日军后，向后杖子以北地区前进，与赵登禹部协同作战，进攻日军第28连队，赵登禹部进攻日军第27连队。睡梦中的日军被打得晕头转向，还没等回过神，早已经身首异处，做了刀下鬼。该役共歼敌700余人，有效地遏制了日军对喜峰口及周边地区的进攻。

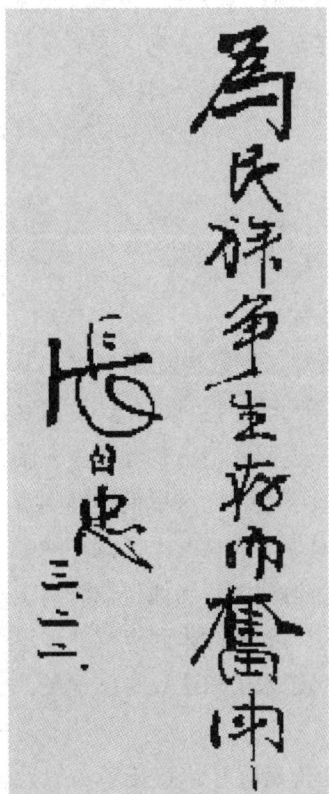

为民族争生存而奋斗

自忠
三二二

张自忠手书

此后双方僵持于喜峰口，日军一部转攻罗文峪，于是从第37师与第38师各抽调一团至罗文峪，归第29军暂编第2师（师长刘汝明）指挥，再度击退日军。喜峰口大捷，是中国军队自抗战以来取得的辉煌胜利，极大地鼓舞了中国人民的抗日斗志。29军的大刀队令敌人闻风丧胆，威震四方。由于在喜峰口与罗文峪等地的战功，张自忠在1935年7月获颁青天白日勋章。

"华北特号汉奸"，身背骂名志尤钢

长城战役后，第29军返回山西，后将察哈尔省的抗日同盟军收编，全军移驻察哈尔省，张自忠仍任第29军第38师师长，驻宣化。

1935年6月，根据《何梅协定》，国民政府中央军退出河北省，在日军默许下，第29军进驻平津。12月成立冀察政务委员会，由宋哲元任委员长，起用大批亲日分子担任干部，谋取日本谅解，以延缓日军侵华日程。委员会下辖河北、察哈尔两省及北平、天津两市。省长、市长人选由29军高级干部轮流担任。张自忠任委员，兼察哈尔省省主席与第38师师长。1936年6月改任天津市市长，第38师亦移防天津。1937年3月，日军突邀宋哲元访日。为减轻日方压力，宋哲元遂命张自忠率团访日。从4月23日至5月29日，张自忠访问了东京、大阪、神户、奈良、名古屋等地，但日方则宣传为"代表团在日期间受到各方面热烈的招待，满载而归，每个人都满脸喜气，亲日气氛的造成已收到相当效果"。虽然张自忠发表声明称仅考察日本工业，但国内舆论并不相信，自此张自忠被视为亲日派，甚至是"华北特号汉奸"。

1937年七七事变爆发后，宋哲元决定率第29军撤到保定，将冀察政务委员会与北平市长都交由张自忠代理，以掩护第29军的撤退。

张自忠再次成为众矢之的，全国各大报刊纷纷发表痛斥张自忠的文章，报界一度凡提及必称"张逆自忠"。日军侵占北平后要求张自忠通电反蒋，被张自忠严词拒绝。待第29军撤出平津之后，张自忠从8月1日试图逃离北平。他先称病躲进德国医院，后化装成司机助手乘坐美国人的汽车，9月3日才成功抵达天津，又搭乘英国轮船去烟台，再转济南，10月10日在秦德纯与张樾的陪同下，抵达南京，方才脱险。

在济南时，张自忠在致朋友的一封信中写道："忠冒险由平而津而济南，刻即赴南京谒委员长，面言一切。……而社会方面颇有不谅解之际，务望诸兄振奋精神，激发勇气，誓扫敌氛，还我河山。非如此不能救国，不能自救，并不能见谅于国人。事实胜于雄辩，必死而后能生。"

中央政府于12月迁至武汉后，升任张自忠为第59军军长，编入第一战区战斗序列。

浴血战临沂，将军威名震敌胆

1938年1月，第59军改由第五战区节制，任机动预备队。日军为打通津浦铁路，第13师团（师团长荻洲立兵）于1938年1月进攻淮河一线，2月初突破第51军（军长于学忠）的防线，在淮河北岸建立了桥头堡。第59军奉命前往救援后，于2月15日抵达前线，对日军展开攻击。到22日，日军在淮河北岸要点小蚌埠被第59军收复，第13师团被迫退回淮河南岸，两军遂在淮河一线对峙。

3月，日军第5师团与我军第3军团庞炳勋于多日激战后相峙于临沂，张自忠亲自率部出征，一昼夜强行军180公里以解临沂之围。第59军于3月12日抵达临沂西郊后，在13日至18日，会同第3军团庞炳勋的部队从东、南、西三面夹击日军，经过几昼夜血战，日军"铁军"第5师团被击溃，残敌大部分逃窜。据资料记载，"日军以载重汽车运回尸体一百余车。来不及运回者，就地掩埋者达七八百具"。是役59军伤亡4428人，其中军官199人。张自忠心情难过地对部下说："多年患难的弟兄们为国家牺牲了，这心里的难过，真比油煎还狠！但我相信，我领导他们走的是一条光明大道，虽死犹荣！军人报国，此其时也！说不定哪天我张自忠也会牺牲在抗日战场上，这是一个军人在国家危难时应尽的责任。"

21日下午，张自忠率51军奉命冒雨向费县集合，欲进攻日本第10师团左侧背，22日晨抵达费县。被张自忠打得狼狈不堪的日军第5师团板垣征四郎闻张自忠部他调，忙纠集残部、调派援军向临沂地区疯狂反扑。庞炳勋以疲惫之师孤军迎战，被迫退守临沂以东，并发出求援急电。刚刚到达费县的张自忠部不得不火速返还临沂，23日夜10时抵达临沂。全军官兵浴血奋战，誓死坚守阵地。29日援军20军团骑兵团和57军333旅先后到达临沂，30日张自忠下达反攻令，日军仓促逃窜，师团长板垣征四郎丢下大衣拐杖，落荒而逃。最后日军第5师团被迫往东北撤退。临沂血战粉碎了日军第5师团与第10师团在台儿庄会师的计划，使之无法合流进攻徐州。造成台儿庄血战时第10师团在台儿庄被围歼的契机。两次血战使日寇号称铁军的第5师团两次败北，打破了日军不可战胜的神话，板垣征四郎几欲自杀。张自忠因功升任第27军团军团长兼第59军军长，辖第59军与第92军。同年10月，升任第33集团军总司令，后兼第五战区右翼兵团总司令。

从1938年11月至1939年12月，张自忠指挥所部在鄂北进行了数次中小规模战役，歼敌4000余人。国民政府授予其宝鼎勋章，加授上将军衔。

壮志未酬身先死，将军血染大洪山

由于日军在国民党军的冬季攻势中损失严重，为消除第五战区的威胁，遂调集6个师团并装甲与航空大队，向枣阳与宜昌一线进攻，拉开了枣宜会战的序幕。1940年5月1日，日军第3师团（师团长山胁正隆），第13师团（师团长田中静一），第15师团（师团长渡边右文）与第39师团（师团长村上启作）对右翼兵团襄河以东各阵地发动攻击，以期会师于枣阳。3日，右翼兵团长寿店阵地被突破之后，张自忠决定在7日率领第74师至河东以增援第38师与第179师。临行前张自忠写了封信给集团军副总司令冯治安，内容是：

"仰之我弟如晤：因为战区全面战事之关系及本身之责任，均须过河与敌一拼。现已决定于今晚往襄河东岸进发。到河东后，如能与38D、179D取得联络，即率该两部与马师不顾一切向北进之敌死拼；设若与179D、38D取不上联络，即带马之三个团，奔着我们最终之目标（死）往北迈进。无论做好做坏，一定求良心得到安慰。以后公私，均得请我弟负责。由现在起，以后或暂别或永离，不得而知。专此布达。小兄张自忠手启五月六日于快活铺。"

张自忠渡河之后，便与第38师和第179师取得联系。由于日军第3师与第13师团已于8日会师，第39师团亦已占领枣阳，于是张自忠在11日亲率部队往北追击，以求截断日军退路。此时张自忠所指挥的部队虽然有第38、74、179、180师

蒋介石参加张自忠葬礼

张自忠将军墓

天津张自忠故居外广场张自忠雕像

与骑兵第9师，共5个师的番号，但战斗兵力仅2万人。日军为避免被拦截，令第13师与第39师团往南正面攻击张自忠的部队。13日，由于第179师与第180师为日军所阻，因此张自忠命第38师为左纵队以接应第179师，他率第74师与骑9师的4个团为右纵队，以接应第180师。日军以第39师团攻击右纵队，在15日将张自忠与第74师围于宜城南瓜店，16日一天之内，张自忠自晨至午，一直疾呼督战，午时他左臂中弹仍坚持指挥作战。到下午2时，张自忠手下只剩下数百官兵，他将自己的卫队悉数调去前方增援，身边只剩下高级参谋张敬和副官马孝堂等8人。

不久，大群日兵已冲到面前。根据日方资料，日军第4队一等兵藤冈是第一个冲到近前的。突然，从血泊中站起来一个身材高大的军官，他那威严的目光竟然使藤冈立即止步，惊愕地愣在那里。冲在后面的第三中队长堂野随即开枪，子弹打中了那军官的头部，但他仍然没有倒下。清醒过来的藤冈端起刺刀，拼尽全身力气猛然刺去，那军官的高大身躯终于轰然倒地。这时是1940年5月16日下午4时。

国民政府在1942年12月31日，明令张自忠入祀全国忠烈祠，1944年8月，将宜城县改名自忠县（今宜城市），以资纪念。1946年，张自忠获颁荣字第一号荣哀状。

张自忠将军殉国当年8月15日，中国共产党也在延安为其举行了悼念大会。1982年4月16日，中华人民共和国民政部追认张自忠为革命烈士。

这块土地是我们中国的

谢晋元 ●

谢晋元（1905—1941），字中民，广东蕉岭县人，客家人，黄埔军校四期生。1937年在淞沪抗战中，率部坚守四行仓库四昼夜，后撤至公共租界，与英美工部局进行了四年之久的复杂斗争，为全民族抗战谱写了一曲爱国主义壮歌。

少怀大志　投笔从戎

　　谢晋元少年读书时，受到辛亥革命的影响，立下反抗外来侵略、为民报国的志向。他十分敬仰岳飞精忠报国的行为，认为做人就应当临大节而不辱，处危难能自若。他还写下一首自勉诗："河山破碎实堪伤，休作庸夫恋故乡。投笔愿从班定远，千秋青史尚留芳。"

　　1925年10月，在广州中山大学读书的谢晋元毅然投笔从戎，考入黄埔军校第四期政治科。学习期间，他多次聆听政治部主任周恩来的教诲，这对他产生了重要的影响。他常说："周主任为人师表，乃做人的楷模也。"1926年10月，他从黄埔军校毕业，被派往国民革命军第一师，随军北伐，屡建功绩。

　　七七事变发生后，全面抗战开始。大敌当前，谢晋元毫不犹豫地投身反侵略战争中。他说服妻子带儿女回老家居住。临行前，他对有孕在身的妻子凌维诚说："生为人，就要效忠国家，为社会做一些事，谋些大众的幸福，岂能被夫妻朝朝暮暮所累？"并说："半壁河山，日遭吞食，我是一个军人，要以国家民族为重。没有国，哪有我们的家。待全歼倭寇，定返乡接你回沪。"其爱国情怀溢于言表。

"只要有一个人在，这块土地就是我们中国的"

1937年8月13日，淞沪战争爆发。日军投入了近30万人和100多架飞机疯狂进攻上海，上海军民奋起抗敌。10月26日，日军突破防线，企图切断中国军队的后路，形势十分危急。谢晋元受命率第524团的第1营官兵，掩护大部队撤退。27日晨，闸北50万大军全部安全转移，晚间谢晋元接到命令，要他退守四行仓库。当时的谢晋元能够召集的部队仅有约400名官兵（对外宣称800人）。敌强我弱，形势十分危急，面对强大的敌人，谢晋元毫不畏惧，决心与日寇决一死战，他当即致函师长："在未达成任务之前，决不轻率；待任务完成后，决作壮烈牺牲以报国家。"

四行仓库是大陆、金城、盐业、中南四个银行的联营仓库，是一座高层钢筋水泥建筑。东侧公共租界的英国驻军，目睹四行仓库陷入日军重重包围，曾多次劝中国守军卸去武装，由租界后撤。谢晋元团将士毅然谢绝，并表示"没有命令，死也不退"。谢晋元要求全体官兵誓与国土共存亡，并对大家说："只要有一个人在，这块土地就是我们中国的！"全营官兵在谢晋元的指挥下，迅速做好了战斗准备。

27日下午，日军企图趁谢军立足未稳，一举占领四行仓库。面对日军的疯狂来袭，谢晋元和战士们自知身陷绝境，十分爱惜弹药，弹不虚发。等待敌人进入射程，各层窗口，枪声四起，先头的日军，应声而倒，尾随其后的日兵畏缩不

八百壮士守卫的四行仓库，上面飘扬着中国国旗

谢晋元与他的四名连长

前。谢晋元团首战告捷，击毙敌人80余人。

28日，谢晋元料定日寇必定不会善罢甘休，为了坚持抗击日寇，谢晋元向各界发出呼吁请求接济物资。谢晋元团坚持抗日的英勇气概鼓舞着上海人民，消息一出各界纷纷馈赠食品、物资。甚至一难民所的难民都停食一天将节存的资金捐助谢晋元团。谢晋元在一封致函中说："保国卫土，职责所在。洒最后一滴血，必向倭寇索取相当代价；余一枪一弹，亦必与敌周旋到底。"显示了他誓与阵地共存亡的英雄气概。不出所料，当日日军出动多架飞机飞至仓库上空盘旋，被驱走后，忽有两名日兵潜入楼下妄图登楼。正在楼顶指挥的谢晋元佯装未见，待两人爬上之后，亲手予以击毙。下午，日军又改用火攻，将仓库周围房屋浇上火油，放火焚烧，以迫使孤军缴械投降。但仓库为水泥建筑，火不得入。当晚，上海童子军战地服务团的女童军杨惠敏将一面12尺长的国旗裹在童军服底下，冒着战火危险自公共租界出发成功泳渡苏州河，将国旗送至四行仓库谢晋元的手中。国旗隔天在四行仓库屋顶升起，大大振奋了抗战官兵和上海民众的士气，并获得驻扎在租界内的世界各国媒体的赞扬。

29日，日军见火攻不成，就妄图从水上用铁驳船正面炮击仓库大楼。然而，日军的企图被英国驻军发现，遭英方反对，阴谋未能得逞。此后，日军又佯装后退，妄图引诱谢晋元团出来，谢晋元识破阴谋，没有上当。30日，日军继续发动新的进攻，先以大炮密集猛轰，随后步兵蜂拥而上。谢晋元团全体将士众志成城，虽已连续战斗四天但仍英勇战斗。他们利用居高临下的有利形势组织射

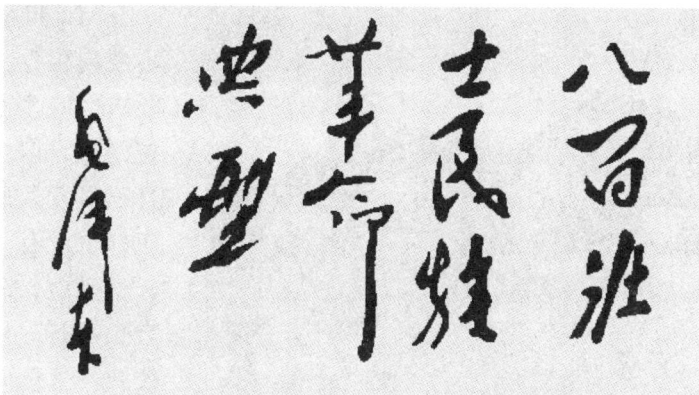

毛泽东为八百壮士题词

击，很快几十敌尸横陈楼外，再次遏制了日军的猛烈攻势。

在这四个昼夜里，谢晋元以卓越的胆识和机敏的指挥，率领400将士（报界宣传称"八百壮士"），在四行仓库多次击退日寇的疯狂进攻，毙敌200多人，伤敌无数；而谢晋元团仅阵亡9人，伤20余人。他们用生命和鲜血奏响了一曲爱国主义的壮丽凯歌，被人们与我国古时候的田横五百士作比较，称为"名震中外的八百壮士"。

孤军营里的四年抗争

1937年10月31日，谢晋元奉命撤出四行仓库，率部撤入租界，立即被租界当局解除武装，送进位于胶州路的"孤军营"。所谓"孤军营"只是一块平时堆积垃圾的坎坷不平的空地，面积数十亩，搭有大小帐篷，空地四周用铁丝网围着，门口由万国商团白俄团丁站岗巡逻，不许谢晋元等人越出大门，因而"孤军营"实际上是软禁谢晋元团的场所。

为了鼓舞士气，谢晋元手书中堂和对联以明心志。中堂文为："富贵不能淫，贫贱不能移，威武不能屈。"对联为："养天地正气，法古今完人。"在孤军营的险恶环境中，谢晋元带领官兵照常过着军队生活，他们每日坚持徒手队列训练、拳术训练和体育比赛，后又用木头做假枪刺杀。官兵轮流站岗，毫不松懈，官兵们如有违纪，必受严厉指责。谢晋元还以雪耻救国为内容，每周对全体官兵作一次讲话，激发他们的民族气节和爱国热情，教育官兵们勿忘爱国军人的人格和国格。

谢晋元故居

与此同时，谢晋元不断向租界当局交涉，要求在"孤军营"内升挂国旗，但均遭拒绝，且孤军营条件简陋，连旗杆也没有。于是，每天早操前，谢晋元带领官兵举行"精神升旗"仪式。他们向空中行敬礼，肃立唱国歌，如同真的在升旗一样，毫不松懈。谢晋元要求部下"在上海租界上，我们的言行，必须让外人从我们身上看出中国军人之气概，从此认识中国的真精神"。

由于谢晋元不懈抗争，1938年8月，租界当局才允许在孤军营中升中国国旗。可是旗杆竖起仅一天，租界当局唯恐激怒日本又收回前允。经谢晋元据理力争，租界方才复同意，但旗杆要截去四尺。但当国旗再次升起，白俄商团竟直冲营内准备硬抢。谢晋元与八百壮士当即坚定地表示，保卫国旗，如卫国土，决不示弱。双方发生了大规模的冲突。敌众我寡的情况之下，已被解除武装的谢晋元团不幸有4人牺牲，受伤者100余人。不但国旗被抢劫，孤军营也被外国军队占领。为了抗议租界当局的这一野蛮行径，谢晋元团进行了绝食斗争。事件发生后，上海各界人士激于义愤，以各种方式作他们的后盾。市立模范中学师生积极声援，并派代表前往慰问。谢晋元当众表示"头可断，血可流，绝对不做任何帝国主义的顺民"。经谢晋元的顽强斗争和上海市民的有力声援，工部局慑于众怒，只得将国旗送还。从此，"孤军营"每天都举行升旗仪式，那临风飘扬的国旗给"孤军营"壮士和上海人民以极大的鼓舞。

谢晋元在孤军营里英勇不屈的斗争，打击了日本侵略者的嚣张气焰，长了中国人民的志气，特别是给正在苦难中的上海人民以有力的鼓舞。对此，日本人恨之入骨，欲除之而后快。他们利用汉奸，多次拉拢谢晋元，但均被拒绝。在日寇的威胁面前，谢晋元在孤军营里挥毫书写了"志士仁人无求生以害人，有杀身以成仁"的条幅，以表明维护民族尊严而不惜流血牺牲的英雄气概。

1940年3月底，日伪特务机关以50万元和师长之职劝诱谢晋元投降，被谢晋元严词拒绝并斥责："尔等如此行为，良心丧尽，认贼作父，愿作张邦昌，宁作亡国奴，你有何面目对你列祖列宗。生为中国人，死为中国鬼。我以保国爱民为天职，我志已决，绝非任何花言巧语可利诱。"敌人见劝降、利诱不成，决定杀害谢晋元。1941年4月，汪伪政权收买了4个士兵，24日晨，谢晋元率兵出操，发现士兵郝鼎诚等4人迟到，谢晋元责问他们为什么迟到，这几个叛兵突然蜂拥而上，用事先准备好的凶器猛击谢晋元的头、胸等部位。谢晋元因流血过多，于当日死亡，年仅37岁。

谢晋元遇害的噩耗传开，举国震惊。前往吊唁者达30万人之多。国民政府追授其为陆军少将。毛泽东高度赞誉谢晋元与八百壮士，把他们与"平型关""台儿庄"的勇士们并列，堪称"民族革命典型"。谢晋元和八百壮士"参加抗战，为国捐躯"的爱国主义精神，永远被人民铭记。

狼牙山五壮士 ●

宁死不屈的燕赵英雄

　　狼牙山五壮士是晋察冀军区一分区一团七连六班的马宝玉、胡德林、胡福才、葛振林和宋学义五名抗日英雄。在1941年日军的大扫荡中，为争取主力和群众撤退时间，最后担任掩护任务的五位战士，将日军引向三面绝壁的狼牙山主峰棋盘陀，弹尽后五人英勇跳崖。

抗日烽火中入伍

　　马宝玉（1920—1941），河北省蔚县人，出身于贫苦农民家庭。14岁那年家乡洪水泛滥，爷爷、父亲和母亲相继病逝，两个姐姐和年幼的妹妹被拉去抵债，不久弟弟也被饿死。1937年全面抗战爆发后，八路军115师杨成武独立团在取得平型关大捷后乘胜北上，10月26日，光复蔚县全境。成为孤儿靠讨饭为生的马宝玉在西合营镇随本县4000多名热血青年一起参加了革命军队，成为一名八路军战士。

　　葛振林（1917—2005），河北省曲阳县党城乡喜峪村人。1937年参加革命，1938年2月参加八路军，1940年2月入党。曾参加过百团大战等战役。

　　胡德林（1918—1941），河北容城县人，自幼父母双亡，12岁起给地主扛长工，18岁那年因忍受不了地主的打骂和凌辱，把地主痛打一顿后开始流浪生活。在流浪中遇到同县的胡福才，胡福才从小流离失所，靠行乞度日，对自己的身世一无所知，当时胡福才连个名字都没有，胡德林给他取名胡发财。同病相怜的两个人从此相依为命。1938年秋，三天没有进食的两个人饿昏在路旁的沟里，路经此地的八路军战士把自己的一袋干粮送给他俩，挽救了两人苦难的生命。部队打仗时，他俩帮助部队送弹药、抬伤员。战斗结束后他俩跟在队伍后面坚决要求入伍，部队首长把他俩分配到七连，给胡发财改名胡福才。

马宝玉、胡德林、胡福才入伍后先后参加了攻打荣容城、保卫阜平、激战大龙华、雁宿崖、黄土岭等多次战斗，三人作战都非常勇敢顽强。在阜西庄一战中，马宝玉用一把铁锹劈死一名日军士兵，缴获一支"三八大盖"。在夜袭管头村的战斗中，他击毙一名日军机枪手，为部队前进扫清了道路。黄土岭战斗中，马宝玉身负重伤，仍然坚持战斗，不下火线。

阜平战斗中，日军使用瓦斯毒气，胡德林和胡福才中毒被担架队送下火线，二人苏醒后又投入战斗。

在党组织的培养教育下，他们不仅练就了一身杀敌本领，也懂得了"为谁打仗"的道理。1939年马宝玉光荣入党，不久后担任六班班长。从此他更加严于律己，阶级觉悟不断提高，革命斗志更加旺盛。他和胡德林、胡福才、葛振林从此成为朝夕相处的战友。

宋学义（1918—1971），河南沁阳市王曲乡人，出身于贫苦农民家庭，祖父和父亲常年给地主扛长工，哥哥整年累月跑太行山担挑为生。学义从小就当童工，在县城一家面铺打工，全家老小拼死拼命干活，还是维持不了生计，学义只好背井离乡，逃荒要饭。1940年上半年，六班随部队南下，参加了反击国民党朱怀冰部的战斗，宋学义在这次战斗中被解放出来，参加了八路军，被编入晋察冀一分区一团七连。同年秋，他在平汉路东运粮战斗中负责架设桥梁，为部队和民兵运粮队伍开辟了道路。随后参加百团大战，在涞源一带痛击日寇。

危难时刻受命

位于河北省易县西南部的狼牙山，因山峰挺拔、山势险峻，状如狼牙交错，得名狼牙山。它有5坨36峰，面积225平方公里。远远望去，群峰连绵、怪石林立。它不仅是晋察冀边区东线的大门，在军事上占有重要地位，而且山上存放有八路军的粮草、弹药、装备等作战物资，是根据地的大仓库，更是敌人进攻的重点。

1941年，全国的抗战形势正处于最艰苦的战略相持阶段。日本侵略者对抗日根据地的"蚕食"和"扫荡"日益加剧，手段也越来越残忍。日本华北派遣军总司令冈村宁次，调动10万兵力向我晋察冀根据地发动大规模"扫荡"。特别是对

脱险后的葛振林和宋学义

处于抗日一分区腹地的狼牙山地区的"扫荡"更加频繁，连续制造了田岗、尧东、娄山等多起惨绝人寰的大惨案，妄图以凶残的"三光"政策来摧垮抗日根据地军民。

经过精心策划，1941年9月23日拂晓，侵华日军华北方面军乙兵团由定兴、方顺桥附近分三路纵队西进，对易县北娄山附近的晋察冀军区一分区杨成武司令员指挥的部队形成了"铁壁合围"的态势，妄图聚歼一分区主力，捣毁一分区和各县驻狼牙山的党政机关。

24日清晨，近3000名日伪军在日本侵略军高见率领下凭借飞机大炮的掩护，突然从四面八方向狼牙山包抄过来。当时被围在狼牙山上的除了团长邱蔚率领的一团外，还有易县、定兴、徐水、满城四个县的游击支队和五个地委，四个县的党政机关人员，狼牙山周围村庄的群众2万余人。形势非常严峻。如何组织和掩护这么多的人突出重围？邱蔚团长多次通过电话向杨成武司令员告急，杨司令员根据多方面得来的情报判断，敌人将对狼牙山发动更加猛烈的进攻。于是制订了"围魏救赵"的战斗方案，命令三团和二十团分别对南北管头、松山、甘河一线日军发起佯攻，促使日军迅即从狼牙山东北方向的碾子台、沙岭子等地调兵增援。黄昏时分，便在狼牙山东北方向空出了一个很大的缺口。在着手调动敌人的同时，邱蔚团长把掩护部队主力和地方党政机关及乡亲们突围的任务交给了七连。待安全转移后，再留下一个班拖住敌人，最后转移。七连刚一接受任务，该连六班班长马宝玉便急匆匆地找到指导员蔡展鹏，请求把最后拖住敌人的任务交给六班。蔡指导员和连长刘福山经过商议，认为六班战斗力很强，班长马宝玉又有比较丰富的作战经验，便同意了他们的请战要求。

午夜时分，邱团长接到分区杨成武司令员的命令，指挥部队主力和地方干部群众2万多人井然有序地顺着改造过的盘陀路，神不知鬼不觉地向碾子台方向转移。临走时邱团长特地看望了七连六班的全体同志，并极为严肃地对他们说："突围的队伍和你们连的主力能不能安全地跳出敌人的包围圈，全看你们能不能把敌人死死拖住，从现在起你们一个人就要对付十个或几十个敌人了，如果你们

今日狼牙山

能充分利用狼牙山的天险和改造过的地形灵活机动地打击敌人，我相信你们一定会圆满地完成任务。""请团长放心！"六班的同志异口同声地回答。

狼牙山上谱壮歌

六班当时只剩5人，班长马宝玉，副班长葛振林，战士胡德林、胡福才、宋学义。他们接受任务后，赶到东山口，选择了一个叫"小鬼脸儿"的险要处，准备阻击敌人。

破晓时分，敌人开始了进攻，马宝玉沉着应战，等敌人走得很近时才令大家一起射击，手榴弹也接二连三飞进敌群，敌人一批批倒下。敌人一时搞不清山上究竟有多少八路军，以为是碰上了主力，便下令炮轰。战士们在敌人打炮时隐蔽起来，炮火一过，他们又用枪弹、手榴弹袭击敌人。敌人一次又一次向上冲锋，五壮士先用枪弹、手榴弹，后用石头接连打退敌人10余次进攻，胜利地完成了牵制敌人的光荣任务。太阳已经偏西，按计划大部队也已转移完毕。首长的命令是"在第二天中午之前，不准敌人越过棋盘陀"。此时六班已经圆满完成了任务。马宝玉便下令"撤！"刚走不远，发现前面是个岔路口：向北去是主力部队和群众转移的方向，他们可以很快归队，可敌人正尾随其后，肯定会追上来，那无疑将前功尽弃，并使主力部队和群众处于危险境地；向南走，通向棋盘陀是一绝路。此刻，马宝玉毫不犹豫，果断下令："向南走！"五勇士一条心，宁可牺牲自己，也要保证主力部队和群众的安全。

狼牙山五壮士之一马宝玉纪念碑

五勇士边打边撤，并有意将行动暴露给敌人。敌人以为我军主力就在山上，紧紧咬住不放。五勇士凭据险要地形，又击退了敌人多次进攻，子弹、手榴弹用光了就用石头砸，最后连能搬动的石头也用完了。敌人见他们没有子弹了，蜂拥着向山顶扑来，并叫喊着"捉活的！捉活的！"面对拥上来的敌人，马宝玉神情庄严地对战士们说："同志们，我们都是有骨气的中国人，宁死不投降！为祖国、为人民牺牲是光荣的！"五勇士折断枪支，从容走向悬崖！21岁的马宝玉整整军衣、正正军帽，大喊一声："同志们，跟我来！"第一个纵身跳下深谷。葛振林等4名战士也相继跳下悬崖。

狼牙山五壮士雕塑

五勇士悲壮之举，令一向骄横的"武士道"信徒们个个胆战心惊，直到这时他们才弄明白，数千日军围攻一天，耗费大量弹药，死伤无数，原来与他们作战的只有5名八路军。

五勇士跳崖后，马宝玉等3人壮烈殉国，葛振林、宋学义在半山腰被树枝挡住，负伤脱险后返回部队。

1942年5月，晋察冀军区举行了"狼牙山五壮士"命名暨反扫荡胜利祝捷大会，晋察冀军区领导机关授予3名烈士"模范荣誉战士"称号，并追认胡德林、胡福才为中国共产党党员；通令嘉奖葛振林、宋学义，并授予"勇敢顽强"奖章。

狼牙山五壮士大无畏的牺牲精神和坚贞不屈的民族气节受到聂荣臻司令员的高度评价，他说："他们身上体现了中国共产党领导的人民军队的优秀品质，体现了中华民族的英雄气概。"新中国成立后，聂荣臻元帅还为狼牙山五壮士亲笔写下了"视死如归本革命军人应有精神，宁死不屈乃燕赵英雄光荣传统"的题词。

岂容日寇践中华

马本斋 ●

马本斋（1901—1944），名守清，号本斋，回族，直隶献县人，抗日英雄。毕业于东北陆军讲武堂，曾任东北军团长，九一八后回乡。抗战爆发后，组织"回民义勇队"，1938年率部参加八路军，同年入党。1942年6月任八路军冀鲁豫军区第三军分区兼回民支队司令。1944年转赴延安途中病逝。

决心为回族的解放奋斗到底

马本斋1902年出生于河北省献县东辛庄。自幼聪颖，读过私塾，粗通文墨，后为生活所迫，随父亲到东北。之后投身奉军（东北军）。1924年入"东北讲武堂"学习，在讲武堂毕业后，从士兵先后升任排长、连长、营长，直至升任奉军独立21师第四团团长。1931年九一八事变后，因不满蒋介石的不抵抗政策，毅然弃官还乡务农。

抗日战争爆发后，具有强烈爱国心的马本斋挺身而出，组织了回民抗日武装——回民义勇队，开始了同日本侵略者的英勇斗争。然而在日军、地主、土匪武装的压迫下，义勇队的回旋余地很小，难有大的发展。为摆脱困境，马本斋开始寻找新的抗日道路。不久，马本斋和党组织派遣的孟庆山"河北游击军"取得了联系，在党的领导和八路军的帮助下，回民义勇队迅速发展、壮大，改名为冀中游击军回民教导队。

吕正操率领的东北军两个营和一部分群众武装，到河北开展游击战争，开创了冀中抗日的新局面。1938年7月，回民教导队和吕正操组织的冀中军区回民干部教导队合编为回民干部教导总队，马本斋任总队长。

党为加强对这支部队的领导，晋察冀军区选派回族干部丁铁石任该部政治部主任。二人一起做部队稳定整顿工作。马本斋尊重党内干部、支持党的工作，经常找党员谈心，汇报思想，认真学习党的理论，积极要求入党，并时刻用党员的标准要求自己。他对党的认识提高很快，又立场坚定，一心救国，在部队中有很高的威望。就在这一年，马本斋光荣地加入了中国共产党。他在入

马本斋领导的回民支队在训练

党申请书上写道："我决心为回族的解放奋斗到底，而回族的彻底解放，只有在中国共产党帮助与领导下方能实现。"此后，他以无比的热情和坚强的毅力，完成党交给他的各项任务。

他带头学习毛泽东的军事学说，他说："我们应该努力学习，提高战术技术水平，切实掌握和运用游击战争的原则，狠狠打击敌人。"上级发给他一本《论持久战》，他视若法宝，特意用硬纸包起来，仔细研读，每一个章节都记得很熟，讲起课来运用自如。部队经过整顿，为其走向正规化打下良好基础。马本斋无论是在组织上还是在思想上都有了一个新的开始。

百战百胜的回民支队

马本斋率领的这支回民武装，机智勇敢地战斗在冀中平原上，给了日伪军以沉重的打击。1938年10月，武汉失守后，部分日军从前线调回华北，对冀中抗日根据地进行"扫荡"。回民教导总队根据上级指示开赴青沧地区，夜袭青县车站，围攻沧县杜林镇，消灭大量日军。1938年冬季的3个月中，作战30余次，毙伤日军500余人，破坏津浦铁路70余次。马本斋和他的回民教导总队名声大振，令日军闻风丧胆。许多回、汉同胞纷纷参军入伍，队伍扩大到1500余人。

1939年，部队奉命到定线、无极、藁城、新乡一带活动。8月先后进行了歼灭大刀会战斗和大名庄伏击战、南苏村伏击战等战斗。10月，伏击了无极县城。回民支队在反扫荡斗争中消灭了敌人、打出了军威、扩大了影响、锻炼并壮大了

河北献县本斋村马本斋纪念碑，上刻毛泽东为马本斋的题词

队伍，部队发展到2000人。

1940年的康庄战斗中，马本斋指挥主力部队悄悄进入康庄及附近的邢家村设伏，命七中队及衡水县游击大队隐蔽在敌人据点安家村附近的麦田里，次日拂晓佯攻该据点。待安家村敌人向衡水紧急求援后，马本斋命令切断敌人电话线。上午8时，衡水日军在伪军配合下携带加农炮、九二重机枪杀气腾腾地向安家村赶来。当敌人进入埋伏圈后，一声令下，回民支队从四面八方向敌军猛烈进攻，经过半小时的战斗，除六七个伪军逃跑、50余伪军被俘外，其余100余日伪军被全部歼灭。这一次战斗，缴获加农炮一门、重机枪一挺、轻机枪2挺、掷弹筒2个、步枪150余支、马10余匹、弹药万余发，以及军衣、军毯等大量军用物资。

深县榆科村是敌人重要据点，有近百名伪军驻守在那里，对我抗日军民的活动具有很大威胁。侦察兵侦知有70余名日军要去榆科，马本斋觉得是巧取榆科的好时机。他命令三弟马进坡和骑兵连指导员任振宇带领70余名队员化装成日军大摇大摆地抢先赶到榆科据点，伪军们事先已接到通知，见"皇军"驾到，毕恭毕敬地列队欢迎。回民支队的战士们以迅雷不及掩耳之势冲进据点展开攻击，当即消灭企图顽抗的20多名伪军，其余60余人乖乖做了俘虏。此次战役伤三四人，缴枪30余支，拔掉敌人据点，造成很大的政治影响。

马本斋和他的回民支队经过血与火的洗礼，迅速成长为能征善战的抗日劲旅。八路军冀中军区通报嘉奖马本斋同志，并授予回民总队"攻无不克，坚而不摧，打不垮，拖不烂的铁军"的锦旗。毛泽东亲笔题字"百战百胜的回民支队"。

母子两代英雄，成为民族模范

日本联队长山本大佐在连遭马本斋回民支队重创后，派出许多特务放风说，"马本斋只要拉着队伍过来，最低给个师长、旅长""整个沧州十县都归他管"。妄图以高官厚禄动摇马本斋的抗日决心。马本斋对此嗤之以鼻，他让俘虏告诉山本，"八路军的政策是不杀俘虏，只要山本放下武器，也保证饶他一条狗命！"

1941年，为了招降马本斋，消灭回民支队，日军血洗东辛庄后抓走了马本斋的母亲。日军对马母威逼利诱，让她写劝降信说服儿子"归顺皇军"，享受"荣华富贵"，但马母坚贞不屈，她对前来劝说的伪

马本斋母亲白文冠

县长说："告诉山本，我生养的孩子是中国人。他是坚持抗日的八路军，一向不知道有'投降'二字。我宁死不能写信劝降。"为了不让敌人利用自己牵制儿子，马母痛骂汉奸，并以绝食的方式进行抗争，最后绝食7天光荣牺牲。得知母亲牺牲的消息，马本斋强忍悲痛写下"伟大母亲虽死犹生，儿定继承母志，与日本人血战到底！""宁为玉碎洁无瑕，烽火辉映丹心花。贤母魂归浩气在，岂容日寇践中华！"的壮语。

1942年6月，马本斋率回民支队转移到冀鲁豫边区。后任八路军冀鲁豫第三军分区兼回民支队司令员，采用游击战术，率部在冀鲁豫平原上进行了大小数百次的战斗，取得了反"扫荡"战斗的多次胜利。他勇谋兼备，注意贯彻抗日民族统一战线和民族平等政策，在冀鲁豫地区为粉碎日军扫荡、建立巩固的抗日政权做出了重要贡献。

在艰苦的战争岁月里，马本斋认真学习，忘我工作，关心群众疾苦，关心战士生活，受到群众和战士的爱戴。由于长期劳累，他身患疾病，但为了工作，他不愿休养、治疗，直到病得不能起床，才被同志们送进了医院。后来，病情进一步恶化，他估计医治无效，就嘱咐家属说："我觉得不能为人民为国家为党做更多的工作是件憾事，教孩子继续我的志向做革命工作，告三弟领导回民族抗战，革命到底。"

河北石家庄华北军区烈士陵园内的马本斋像

1944年2月7日，马本斋在山东省莘县突发急性肺炎，不幸病逝，终年43岁。

党中央在延安为他举行了追悼会，总参谋长叶剑英高度赞扬了他光辉的斗争经历和卓越的军事指挥才能。毛泽东主席敬献挽联"马本斋同志不死"，周恩来副主席题词"民族英雄，吾党战士"，朱德总司令挽联"壮志难移，汉回各族模范；大节不死，母子两代英雄"。1944年冬，冀中行政公署将马本斋诞生地东辛庄命名为本斋村；1953年5月，在本斋村建立本斋回族乡政府；1962年10月成立本斋人民公社；1984年2月，献县人民政府改本斋人民公社为本斋回族乡。1954年将他的遗体迁至石家庄市华北军区烈士陵园。

2009年9月14日，马本斋被评为"100位为新中国成立做出突出贡献的英雄模范"。

太行浩气传千古

左权 ●

左权（1905—1942）字孳麟，号叔仁，曾用名左纪权。伟大的无产阶级革命家、军事家，中国工农红军和八路军的高级将领。1942年5月，在指挥部队掩护八路军总部突围转移中，不幸壮烈牺牲，年仅37岁。周恩来称他"足以为党之模范"。

身经百战，具有卓越的指挥才能

左权1924年毕业于黄埔军校一期，1925年加入中国共产党，同年12月赴苏联学习，1930年回国。此后12年，他从未离开部队。在抗战五年中，没有一日离开前线。在长期革命战争中，他参与了许多战役和战斗的指挥，表现出卓越的指挥才能。

1934年参加长征。在强渡大渡河时，中央军委决定由左权率领红二师第五团一部和红一军团侦察连，担任佯攻，钳制和吸引大树堡对岸富林之敌，以保证红军主力经冕宁县到安顺场强渡大渡河。左权率领部队，不怕疲劳长途奔袭，连续作战，一天行军150华里，消灭了扼守隘口的全部守敌；接着攻克越西县城，又以一天140华里的速度赶到海棠，追歼逃敌两个连；而后翻过晒经关，袭击并占领大树堡，吸引富林之敌，策应刘伯承、聂荣臻率领红一师在安顺场顺利渡过大渡河。

在百团大战中，他全力协助彭德怀指挥战役。为研究敌情、部署战斗，他经常通宵达旦、废寝忘食。在关家垴战斗中，他的指挥所一再靠前，在枪林弹雨中指挥部队与敌肉搏。在指挥所中弹的情况下，他临危不惧，抱起电话继续指挥战斗。警卫员劝他将指挥所后撤，他说，"指挥员怎么能考虑个人安危，战士们离不开我们，他们在浴血奋战啊！"他命令指挥人员向前推进。此次战斗激战几昼夜，800人的冈崎大队最后只剩下30多人。百团大战历时3个半月，大小战斗1824次，毙伤俘日伪军4万余人，给日寇以沉重打击，给全国人民以无限希望。

1941年的黄崖洞保卫战中，左权指挥总部警卫团采用"咬牛筋"战法，把敌人咬住拖住后，不骄不躁、不慌不恐、以守为攻、以静制动、以逸待劳。先在山口处坚守两天拖住敌人，在二道防线再顶两天，然后上高山，待增援部队赶到再实行反包围。激战8昼夜，一举歼灭敌人，取得辉煌战绩。以1500余人抗击了5000多敌人的进攻，歼敌1000余人，"开中日战况上敌我伤亡对比空前未有之记录"。被中央军委称为"反'扫荡'的模范战斗"。

博览群书，深具丰厚的理论修养

左权虚心好学、勤奋工作，潜心著译，孜孜不倦，军事理论修养深厚，斗争经验丰富，对军事理论、战略战术、参谋工作、后勤工作均有丰富的建树，朱德赞誉他是"中国军事界不可多得的人才"。

他素以酷爱学习、勤奋刻苦闻名。早在黄埔军校和留学苏联期间，他即以成绩优异著称。在戎马倥偬的艰苦战争条件下，他每天仍然挤出时间读书、看报、写文章，学习起来常常废寝忘食。他阅读了许多政治理论、军事理论的书籍，对八路军的军队建设、军事理论建设做出了突出的贡献。从1939年至1941年，他撰写了《论坚持华北抗战》《埋伏战术》《袭击战术》《战术问题》《论军事思想的原理》等文章40余篇。他与刘伯承合译的《苏联工农红军的步兵战斗条令》，于1942年被18集团军总司令部列为步兵战术教育的基本教材，并要求"今后本军关于现代步兵战术的研究，均应以此为蓝本"。左权对战术问题特别是游击战术的研究颇有创新，为"中国著名的游击战术创始人之一"，其军事著述的突出特点是理论联系实际，结合中国国情的特殊性阐述了以马克思主义理论为指导的具有中国革命战争特色的军事思想原理。左权善于思考、勤于笔耕，撰写和翻译了诸多颇具影响的军事著作，仅在华北敌后5年间即译著20余万字。周恩来说左权是"一个有理论修养，同时有实践经验的军事家"。

治军有方，丰富的军队建设思想

在八路军军队建设中，左权对司令部工作、后勤工作、部队训练、军队政治工作、军民关系等，都有独到的建树和巨大的成就。左权长期担任高级指挥机关参谋长，他根据军队实际情况，制定了八路军各级司令部（军、师、旅、团）工作条例，建立起司令部各部门机构，确定了工作规则，并善于总结经验抓好落实。

在后勤建设方面，他十分重视，主抓并创建了太行山兵工厂，不仅亲自勘察选址，对厂房、仓库及防御工事都做了周密详细的部署，而且带头参加建厂劳动。经过艰苦奋战，不到两个月，兵工厂就能制造七九步枪和掷弹筒，扩大了武器弹药来源，有力地支援了敌后抗日根据地。

左权十分重视部队利用战斗间隙进行训练。他撰写了《八路军的战斗训练》，指出部队应采取理论与实际相结合，少而精、不间断的教练和知己知彼的对日作战的教练原则等。在频繁紧张的战斗之余，他不忘组织干部学习，组织召开战斗检查会，谈战术，总结经验教训，结合实战学军事。此外组织干部学习军事政治文化，经常给大家上课，言传身教，同志们称他是"诲人不倦的模范"。

他关心部属、爱护民众，总是教育部队保护群众利益、遵守群众纪律。1939年夏，总部转到太行山腹地武乡县砖壁村，部队午夜到达，为了不惊动老百姓，左权命令在村边破庙旁露营，第二天叫战士们把破庙休整一下，左权便住了下来，前后住了近两年。老乡们请他去村里住，他诚恳地说："你们生活已经够苦的了，我们能克服困难，就不应该增加你们的负担。"

保卫总部，以身殉国的最高指挥官

1942年5月，日寇纠集2.5万余人，分四路向太行腹地进行奔袭式的大"扫荡"，妄图一举摧毁华北抗日根据地军事指挥中枢八路军总部。在这紧急时刻，彭德怀、左权立即召开会议。左权坚定地对大家说："目前，我们的处境是相当艰苦的。北方局、前方总部、党校和整个后方机关在我们周围，保护几千同志生命的重任落在我们肩上。我们一定要掩护他们安全转移，跳出敌人的合围。太行山压顶也决不动摇，誓死保卫总部的安全！"当天晚上，各机关乘夜黑转移到南艾铺地区。25日，部队正在十字岭吃早饭，敌人突然从

左权将军纪念碑

两翼包抄上来，以飞机大炮漫山轰击。左权站在山峰上，双手举着望远镜仔细地观察敌情，指挥部队坚决阻击两翼敌人。因机关人员多，目标太大，行动不便，彭德怀、左权决定分头突围：左权亲率总部直属队和北方局沿清漳河东侧向北突围，罗瑞卿主任率政治部向东南青塔方向突围，杨立三部长率后勤部向东北羊角方向突围。左权同时派作战科长王政柱率领警卫排护送彭德怀到安全地带。而彭总坚持要同机关一块突围。左权对彭德怀说："事关重大，你安全突围出去就是胜利，我直接指挥机关突围就行了。"他让警卫员硬把彭总扶上马。左权亲自指挥部队连续打退敌人几次冲锋，阻止敌人前进，为机关突围争取了时间。当太阳偏西时，终于掩护各机关人员跳出了敌人的合围圈。这时，警卫连连长唐万成要求左权离开十字岭，他始终不肯离开，决心率领部队最后冲出敌人重围。他在检查队伍时，发现担文件箱的人还没有上来，为保护党的机密，他立即命令警卫员转回去找。当他带部队冲到敌人最后一个封锁点时，一颗炮弹落在他身旁，不幸以身殉国，时年37岁。

一

爱国情操，誉满天下

舍生取义，从容赴死

谭嗣同（1865—1898），字复生，号壮飞，湖南浏阳人，"戊戌六君子"之一。晚清戊戌运动的重要人物，维新派政治家，思想家，是戊戌变法时期为追求真理而英勇牺牲的先进人物。

慷慨悲歌士，驱车燕赵间

谭嗣同出身于一个世代官宦的家庭，父亲谭继洵，官至湖北巡抚。他自幼饱读经书，武艺精湛。从10岁起，即拜笃好经世之学的欧阳中鹄为师，后又在当时名扬幽燕的侠客大刀王五（王正谊）门下学艺。谭嗣同不仅学到了广博的知识，精湛的武艺，而且接受了他们要求变革现实的思想。少年时即以卓尔不群、文武双全而成为"清末四公子"之一。

一次，谭嗣同到古战场井陉关去游览，想起韩信出奇兵大败赵军的史实，心中荡起无限的激情，面对祖国大好山川，缅怀古人，抒发爱国壮志，他写下了铿锵的诗篇：

平生慷慨悲歌士，今日驱车燕赵间。
无限苍茫怀古意，题诗独上井陉关。

19岁以后，在整整10年间，谭嗣同漫游祖国各地，北至新疆，南到台湾，涉足大江南北、黄河上下，往来于河北、新疆、甘肃、山东、江西、湖北等十多

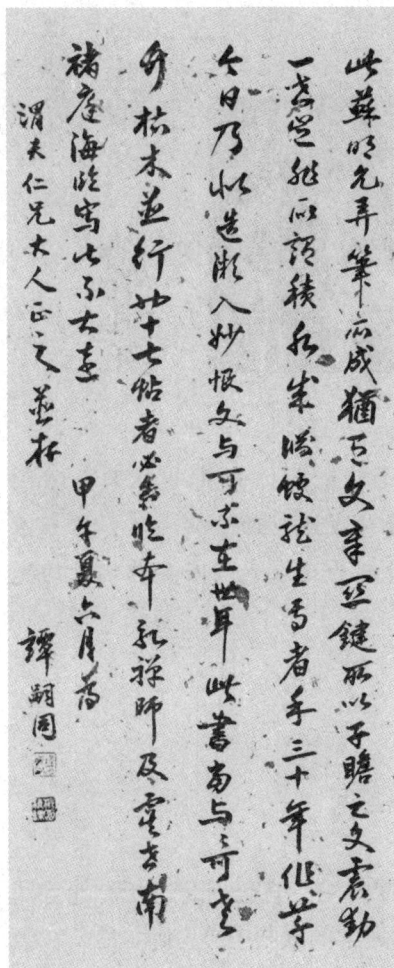

甲午年间谭嗣同书法立轴

省，历程达八万余里。面对沿途百姓啼饥号寒、灾民蜂拥、田园荒芜、市井萧条的情景，他哀伤，他苦闷，他悲愤！丧权辱国的《马关条约》签订后，谭嗣同压抑不住心头的怒火，愤然写道："世间无物抵春愁，合向苍冥一哭休。四万万人齐下泪，天涯何处是神州！"

中国向何处去？祖国的命运，民族的危亡，如何才能拯救？这个为当时许多人苦思焦虑的问题，也一直萦绕在谭嗣同的心头。他看书、阅章，访朋、问友，日夜深思这个问题。"酌取西法，以补吾中国古法之亡。"——向变法寻找出路，最后，谭嗣同得出了这个结论。

随后，他与唐才常等在浏阳筹建算学馆，创办新学，并撰《兴算学议》《报贝元征》等文，提出变法主张，首开湖南维新之风。

为追求新思想，学习新知识，谭嗣同于1896年（光绪二十二年）北游访学。先后至上海、天津、北京，访问英美传教士，购阅西方书籍，看到机器、轮船、火车、电灯，参观煤矿、金矿，还看到西方传入的计算器、X光照相等科学仪器，对资本主义生产方式和自然科学发生兴趣。

在访学中，还遍交维新之士，尤其是在北京结识了康有为的大弟子梁启超，两人谈得十分相投，结为莫逆之交。回湖南后，谭嗣同积极宣传新学，得到湖南巡抚陈宝箴和按察使黄遵宪的赏识，因为这两人也都倾向变法维新。一时之间，内河小轮船、商办矿务、湘粤铁路、时务学堂、武备学堂、南学会、《湘报》等等，都办起来了。湖南由此一跃成为当时国内比较先进的省份之一。当时较有影响的是南学会的活动。组织南学会的目的，本是想从湖南一省做起，逐步把南方诸省仁人志士联合起来，共同探讨爱国之理，寻找救亡之法。不久，谭嗣同在南学会当了学长，起着总负责人的作用，他经常进行慷慨激昂的演说，他的讲演气势磅礴、观点新颖，语言铿锵犀利，道理清晰明确，深受听众欢迎。

为了维新，不怕杀身灭族

谭嗣同等在湖南维新变法运动中的激进做法，遭到湖南顽固势力的仇视与反扑。南学会被解散，《湘报》主笔被殴打，一些维新派人士被迫离开湖南。面对这种局面，谭嗣同毫无畏惧，为了变法维新，他不怕"杀身灭族"。

谭嗣同在湖南显露的才华，很快被光绪皇帝赏识。1898年6月，光绪帝宣布变法，谭嗣同被征召进北京参加新政活动。当时他正在病中，因此延至8月，才抱病进京。

谭嗣同进京后，于9月5日觐见光绪皇帝，他与杨锐、林旭、刘光第等被破格授予"军机章京上行走"的四品衔，时称"军机四卿"。军机处是清政府的中枢决策机构，一切国家的重大决策，包括人事任免，都由该处官员参与制定和决定。谭嗣同成了光绪皇帝推行新政的心腹参谋。

变法维新，从一开始就遭到了以慈禧太后为代表的顽固守旧派的激烈反对。他们密谋要在10月底，安排光绪皇帝同太后一起去天津阅兵，届时一举废掉光绪皇帝，取消新政。

面对急转直下的形势，光绪皇帝9月14日和17日，两次给康有为等人下密诏，要他们迅速离京，急筹对策。由于维新派的变法缺乏群众基础，本身又无军事实力，所以当消息传来，他们都惊恐万状。谭嗣同"有心杀贼"，挺身而出，愿意去说服掌握兵权的袁世凯。袁世凯当时是北洋军队里的一个有实力的军官，是一个口头上对变法十分拥护，骨子里却极其阴险狡诈的两面派。他手下一支有战斗力的队伍，约七八千人，正在天津附近的小站训练。9月16日，光绪皇帝召见袁世凯，夸奖了他一番，并提升他为工部右侍郎，叫他专办练兵事务，以保新政。两天后，在政变风声日紧的9月18日夜，谭嗣同独自一人，急赴袁世凯在京的住地法华寺。他未及通报即闯入袁宅，稍加寒暄后，就劈头发问：

"你认为皇上是怎样一个人？"

"是旷代之圣主！"袁世凯答。

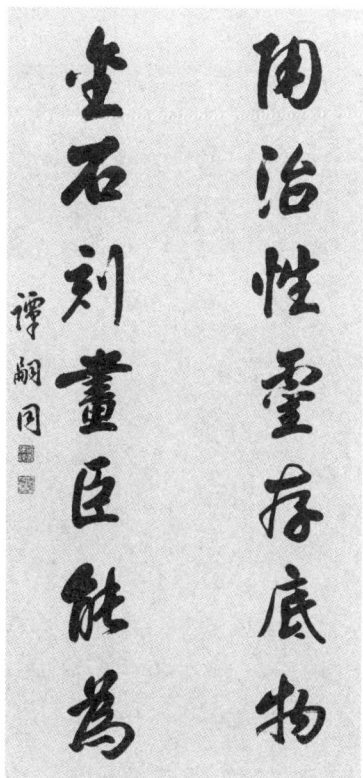

谭嗣同书法对联立轴

"荣禄他们准备借天津阅兵废黜皇上的阴谋，你可知道？"谭嗣同又进一步问。

"是的，我听到一些传闻了。"袁世凯又答。

"今天可以救我们'圣主'的，只你一人了。你如果愿意救，就请救之；如果不愿意救"，谭嗣同说到这里，用手在自己头颈上一划，"你可以到颐和园向太后告发我，也就能因此而得到荣华富贵。"

"你把我袁某当作什么人了！"袁世凯说，"皇上是我们共同拥戴和服侍的主人，我同你一样，受到特殊的恩宠。救护皇上，不但是你的责任，也是我的责任。你有什么吩咐，我袁某一定万死不辞！"

听袁世凯这么一说，谭嗣同喜形于色。他以为袁世凯已被说动，就将光绪皇帝密诏的内容及其同康有为等人商议的计划和盘托出："荣禄等人的计划，全在于天津阅兵来实现。你和董福祥、聂士成三支军队都是受荣禄统辖的。荣禄就靠你们三支军队来实现阴谋。董、聂两军都没有什么力量。如荣禄发动兵变时，请你用你的军队抵抗董、聂两军，同时保护'圣主'，使皇上能恢复大权，清理朝政，肃清宫闱。这样，你便立下了不朽功业。"

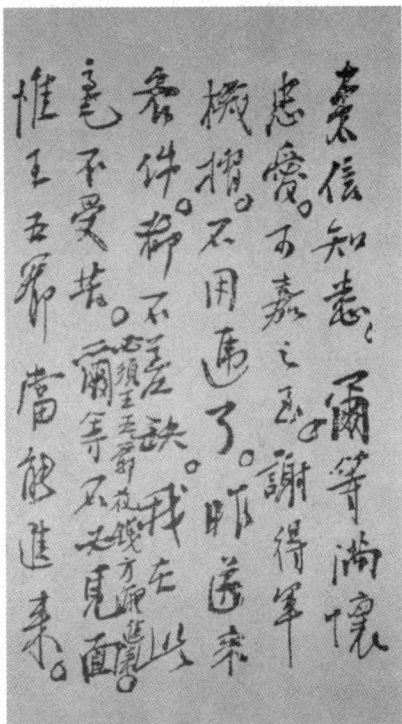

谭嗣同《狱中遗书》

袁世凯听后，慷慨激昂地说："如在阅兵时皇上能迅速进入我的军营，发布命令诛灭奸臣，那么，我袁某一定拼死去干！"

谭嗣同故意激袁世凯，说："荣禄不是等闲之辈，恐怕不那么好对付。"

袁世凯怒目相视而答："如皇上在我军营里，只要令我下手，那杀一个荣禄犹如杀一条狗那般容易！"

至此，谭嗣同以为袁世凯已完全接受他们的计划，含笑告辞。当谭嗣同满心欢喜地把"喜讯"连夜告诉康有为等人，满口极赞袁世凯为"奇男子"时，他怎会想到袁世凯已于9月20日在天津向荣禄告密。当晚，荣禄赴京向慈禧太后急报。第二天，即9月21日凌晨，慈禧太后决定发动政变。她囚禁光绪皇帝，亲自临朝"训政"，同时下令搜捕维新派。康有为、梁

湖南浏阳谭嗣同故居

启超闻讯逃亡日本。为时103天的维新变法运动就这样失败了。

面对死亡，我自横刀向天笑

政变发生的当天中午，谭嗣同正在自己的寓所里同梁启超苦筹办法。搜捕康有为的消息传来，谭嗣同从容地对梁启超说："我们前几天想救皇上，既已无法可救；今日想救康先生，也已无法可想。现在我已无事可做，只有等待死了！"第二天，谭嗣同到梁启超当时避居的日本驻华使馆，把自己所著诗书文稿及家书一箱交给梁启超，要他逃往日本。梁启超反复劝谭嗣同一起出走，谭嗣同执言不肯，对梁启超说："不有行者，无以图将来；不有死者，无以酬'圣主'。"谭嗣同劝梁启超充当"行者"，以图变法事业之"将来"；他自己则甘当"酬'圣主'"的"死者"。

政变发生后，谭嗣同也曾同大刀王五策划过劫救光绪皇帝，但未能成事。其后，王五劝他出逃，并自愿充其保镖，谭嗣同却决心已定，拒绝出走，他取下随身所带的"凤矩"宝剑赠给王五，希望王五继承其维新事业，以实现其酬报"圣主"的遗志。后来，又有一些人劝谭嗣同出逃，均被他一一拒绝。他说："各国变法，无不从流血而成，今日中国未闻有因变法而流血者，此国之所以不昌也。有之，请自嗣同始！"他决心为变法流血，用自己的牺牲来唤起后来者的觉醒。

9月24日，谭嗣同被逮下狱。他预料到时日无多，在狱中墙壁中赋诗道："望门投宿思张俭，忍死须臾待杜根。我自横刀向天笑，去留肝胆两昆仑。"这位笑迎死亡的义士，心里装着祖国。他自动走向死亡，因为他知道自己的死，有多大价值。

9月28日，谭嗣同与杨深秀、杨锐、林旭、刘光第、康广仁六人在菜市口同时被害，世称"戊戌六君子"。

当时，前来围观的百姓有上万人，但大多麻木冷漠，不过是来看热闹的。临刑前，谭嗣同对围观的人群高声大呼："有心杀贼，无力回天。死得其所，快哉快哉！"想来此时，谭嗣同的心情是无可奈何的悲壮。

谭嗣同死时年仅33岁，死后由大刀王五（一说老管家刘凤池）收尸。第二年，骨骸运回原籍湖南浏阳，葬于城外石山下。墓前华表刻有对联："亘古不磨，片石苍汇立天地。一峦挺秀，群山奔赴若波涛。"

鉴湖女侠，『中国贞德』

　　秋瑾（1875—1907），原名秋闺瑾，乳名玉姑，东渡后改名秋瑾，号竞雄，自称"鉴湖女侠"，笔名秋千、白萍，祖籍浙江山阴。她蔑视封建礼法，提倡男女平等，常以花木兰、秦良玉自喻。秋瑾性格豪爽，自幼习文练武，自费东渡日本留学。辛亥革命时期，积极投身革命，先后参加过三合会、光复会、同盟会等革命组织。1907年，她与徐锡麟等人组织光复军，准备7月6日在浙江、安徽同时起义，由于事泄被捕。7月15日从容就义于绍兴轩亭口。她是中国近代史上的巾帼英雄，才华横溢的女诗人，为中国的民主革命抛洒了满腔热血，后人称她为"中国的贞德"。

巾帼英杰参加革命

　　秋瑾出生的年代，正是中国步入半封建半殖民地的时期，祖父和父亲都在朝廷为官，她的童年是在优裕的生活条件下度过的。

　　秋瑾特别仰慕的是那些英雄、侠客，在很小的时候她就写过这样的诗句："今古争传女状头，红颜谁说不封侯？""莫重男儿薄女儿，始信英雄亦有雌。"少女时代的秋瑾热情、倔强，她不甘心自己是女流之辈，立志要比男人还厉害。因此，从15岁起，她每天都要到屋后的塔山上练武。在她16岁那年，祖父弃官返乡。秋瑾有机会住在了外婆家，母亲看到秋瑾迷恋武术，就建议她和舅舅单宗勋学习武术。单宗勋开始以为秋瑾不过是好奇，一时冲动想玩玩罢了。他就很严肃地对秋瑾说："武术训练可不是儿戏，训练中时不时会受伤，如果忍受不了这些伤痛，你还是趁早死了这份心为好。"秋瑾则斩钉截铁地说："这些我早有准备，如果中途我打退堂鼓的话，凭您怎么处置都行。"从那时候起，秋瑾每天都跟着舅舅学习武术。在舅舅和她的四表兄单应勋的教导下，秋瑾经过反复训练，学会了骑马、拳术、棍术、击剑等技能，练就了一身刀马功夫，也因此强健了自己的体魄。

1904年2月，秋瑾赴日留学。1905年8月20日，孙中山领导的同盟会正式成立，秋瑾经冯自由介绍加入了同盟会，并在黄兴的寓所庄严宣誓："联盟人浙江省会稽县人秋瑾，当天发誓：驱除鞑虏，恢复中华，创立民国，平均地权，矢信矢忠，有始有卒，如或渝比，任众处罚！"秋瑾由此真正走上了民主革命的道路。因为秋瑾是浙江籍留学生，也是加入同盟会的第二个人，因此她被推举为同盟会的评议员，浙江主盟人。

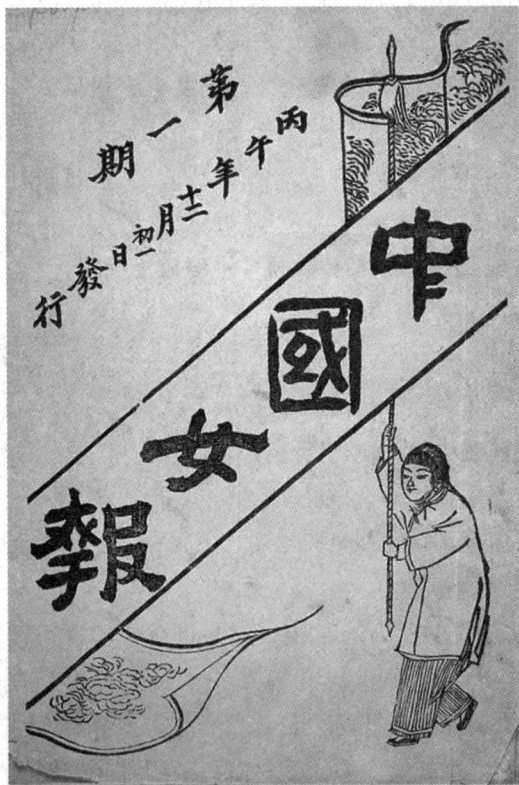

秋瑾创办的《中国女报》

当时，清政府觉察到留日学生的反清革命行动，唆使日本文部省颁布《清国留学生取缔规则》，禁止留日学生的爱国行动。这个蛮横无理的规则一公布，8000多名留日中国学生立即举行示威游行表示抗议，并组织敢死队与日本政府交涉。秋瑾担任了敢死队队长。12月8日，陈天华跳海自杀，用"难酬蹈海"的英勇行为，以醒世人。这对秋瑾触动很大，她决定立即回国。

1905年12月25日，秋瑾回到上海。她满怀激情，决心大干一场。回到故乡后，秋瑾先在明道女学堂担任体操教习，不久又去吴兴浔溪女校任教，讲授日文、理科、卫生等课程。她注重用革命思想熏陶、启发学生，深受学生们的欢迎。由于秋瑾在学校常向学生传授革命思想，因此为顽固守旧的校董所不容。不久，秋瑾辞职离校来到上海。1907年1月，秋瑾经多方奔走筹措，在上海创办了《中国女报》月刊。她认为妇女要平等、要解放，就必须求得学问，求得经济上的自立。更可贵的是她把妇女解放斗争与反对清王朝的革命斗争结合起来，和男子并肩战斗。

为革命不惜牺牲的中国贞德

1906年12月的一天晚上，秋瑾的家中突然有人来访。来人是不曾见过面的革命党人王金发。他给秋瑾带来了徐锡麟的亲笔信，提出共同筹划反清的武装起义。秋瑾非常高兴，欣然应约，不久就返回绍兴，到大通学堂主持该校校务。

秋瑾主持大通学堂校务期间，设立体育会，先后召集浙江各地会党头领一百数十人学习兵操。秋瑾经常身穿男子体操服，骑马带领学生到野外打靶，练习射击技术。当时经过研究，把各地会党共编成了八个军，对军服、旗帜、行令等都作了详细规定，并具体部署了行军路线。决定由徐锡麟、秋瑾分别指挥安徽、浙江两处按日期同时举事。

经过比较周密的计划，他们计划在这年5月28日，请巡抚恩铭及省垣所有高级官员，到巡警学堂参加毕业典礼并观看操练，趁机将全省显要一网打尽，然后宣布起义。但是，由于当时各地革命党人的活动十分频繁，清朝的官员已经感到草木皆兵，惶惶不可终日，因此暗中加强了防范。老奸巨猾的安徽巡抚恩铭，原定5月28日去巡警学堂，却突然通知学堂要在5月26日提前去，致使徐锡麟不得不将起义的时间仓促提前，因而组织、联系等工作都受到很大影响。

5月26日那天，徐锡麟当场击毙恩铭。然后与陈、马二人，率领一百多名巡警学生，前往军械局。由于起义提前，联系不周，到达军械局后，立刻遭到已作了准备的敌人的包围。因寡不敌众，徐锡麟受伤被俘，最后被敌人用残酷的手段杀害，起义失败了。

当秋瑾从报纸上得知徐锡麟在安徽安庆的起义失败并被杀害的消息时，她手拿报纸，失声痛哭，并预感到自己不久也将会为国捐躯。有人劝她到别处暂避一时，并为她联系好了在上海租界安身的地方，但她都拒绝了。她不食不语，写下了一首绝命词："痛同胞之梦犹昏，悲祖国之陆沉谁挽。""虽死犹生，牺牲尽我责任，即此永别，风潮取彼头颅。"尽管形势逆转，她依然义无反顾，对牺牲性命在所不辞。

安庆起义失败后，金华等一些地方的秘密组织遭到破坏，原定计划已无法实施。秋瑾准备在7月19日发动起义的消息，被杭州知府贵福得知。贵福连夜报告了杭州的浙江巡抚张曾扬。7月11日，张曾扬从杭州派了300余名清兵，去绍兴抓捕秋瑾。7月12日，上海革命党人得知大通学堂已暴露，派人通知秋瑾迅速离开绍兴到上海。秋瑾却表示：“我怕死就不会出来革命，革命要流血才会成功。如满奴能将我绑缚断头台，革命成功至少可以提前五年。牺牲我一人，可以减少后来千百人的牺牲，不是我革命失败，而是我革命成功。我绝不离开绍兴，愿与男女两校共存亡。你回去与我们妇女同志说，要求男女平权，首先要做到男女平等的义务。”

7月13日一大早，突然有一个白发苍苍的老人来到大通学堂门前，看看四周没人，才小心翼翼地进了院子。原来他是化了装的革命党人王金发。他是特意来告诉秋瑾，清兵已过钱塘江，催促她赶快离开绍兴。秋瑾只说了一句：“我不入地狱，谁入地狱？”王金发无奈，只得给秋瑾留下一支手枪，与秋瑾挥泪而别。

秋瑾在大通学堂，带领学生埋藏、转移枪械，焚毁文书、信件，还探望了卧病在床的光复会会员、体育教师许一飞。临走时，秋瑾在他一本书的衬底背面留下了最后一首诗篇：

> 大好时光一刹过，雄心未遂恨如何。
> 投鞭沧海横流断，倚剑重霄对月磨。
> 幽谷无泥累铁马，洛阳有泪泣铜驼。
> 粉身碎骨寻常事，但愿牺牲报家国。

7月13日下午，清兵将大通学堂团团围住。经过一番激烈的枪战，秋瑾最后被俘。任凭敌人严刑拷打，百般逼供，秋瑾大义凛然地回答：“论稿是我做，日记笺折亦是我办，革命之事不必多问！”“革命党人不怕死，欲杀便杀！”她拒不书写笔供，只写下了一句“秋风秋雨愁煞人！”

7月15日凌晨，秋瑾从容就义于绍兴轩亭口。

秋瑾是我们中国的时代英雄，是我们精神家园中一颗璀璨的明珠。她为了妇女解放、为了国家兴亡，不惜牺牲自己生命的高尚品德，永远值得我们颂扬。她的思想永远闪耀着时代的光芒。

蔡锷 ●

为四万万同胞争人格

蔡锷（1882—1916），字松坡，清末民初杰出的军事领袖，伟大的爱国者。辛亥革命爆发后，顺应历史潮流，投身革命运动，在云南领导了推翻清朝统治的新军起义。袁世凯倒行逆施、复辟帝制时，为维护宪政，他抱病领导了反对袁世凯称帝、维护民主共和国政体的护国军起义，并因此被称为"护国大将军""共和的守护者"。

"流血救民吾辈事"

蔡锷于1882年出生在湖南宝庆一个贫寒的裁缝家庭。幼年在私塾读书，勤奋好学，12岁考中秀才，被人誉为"神童"。16岁考入长沙时务学堂，师从梁启超、谭嗣同，与梁启超结下了深厚的师生情谊。1899年入上海南洋公学，同年应在日本的恩师梁启超之招，在著名革命党人唐才常资助下，东渡日本，先入大同学校补习日语，稍后考入横滨东亚商业学校，并加入唐才常成立的宗旨为"保国保种"、推翻清朝统治的"自立会"。

1900年，唐才常领导自立军在汉口举行反清起义，蔡锷也回国参加起义。当时，"自立会"所发展的秘密会员遍及鄂、皖、赣、湘各省，有十余万人之众。起义前夕，唐才常令蔡锷前往湖南联络其他反清义士，共襄盛举。但是，蔡锷离开汉口不久，自立军起义消息泄露，湖北清军包围设在汉口英租界内的自立军总部，逮捕唐才常等自立军首领20多人，第二天予以杀害。自立军起义未及大规模展开，即惨遭镇压而失败。蔡锷因离开汉口，远赴湖南，幸免于难。

自立军起义失败后，在革命同志资助下，蔡锷再度转赴日本求学。唐才常等革命志士的牺牲，自立军起义的失败，深深刺激了蔡锷。目睹祖国山河破碎、惨祸频仍，蔡锷忧心如焚。在东渡日本的船上，他挥笔写下一首长诗，倾吐自己的激愤心情。其中写道：

> 而今国土尽书生，肩荷乾坤祖宋臣。
> 流血救民吾辈事，千秋肝胆自轮囷。

一句"流血救民吾辈事"，表明蔡锷决心将自己的生命献给祖国，并准备通过武装斗争，推翻清朝封建统治，振兴中华民族。抵达日本后，他决心投笔从戎，改学军事，以闯出一条救国救民的新路来。

蔡锷把改学军事的想法告诉了恩师梁启超。望着蔡锷那清瘦单弱的身体，梁启超不无忧虑地说："你以一文弱书生，恐怕难以承担军事重任。"蔡锷坚决而自信地回答："只须先生为我设法学得军事，将来不做一个有名军人，不算先生门生！"

在梁启超的帮助下，蔡锷得以私费进入东京陆军成城学校学习。1902年11月，蔡锷又以优异成绩考入著名的东京陆军士官学校。在这里学习的中国士官生有100多人。蔡锷思想活跃，成绩突出，与同学蒋方震、张孝准同被称为"中国士官三杰"。其间，蔡锷曾经慷慨激昂地说："大丈夫当视国如家，努力进行，异日列吾国于第一等强国之列，方不负此七尺躯也。"

1904年11月，蔡锷从东京士官学校毕业。同年年底，22岁的蔡锷心怀救国救民大志，踏上归国的航程。

"为四万万同胞争人格"

蔡锷归国之时，中国各省正掀起编练新军、创办军事学堂的热潮，急需懂得近代军事知识的人才。蔡锷归国，立即被各省争相聘用。他先后在江西、陕西、湖南、广西任军事学堂教官。在广西军事学堂，蔡锷讲解精辟，技艺娴熟，要求严格，深受官兵敬佩，被赞誉为"人中吕布，马中赤兔"。

蔡锷声名鹊起，1911年初，著名的云南讲武学堂邀请蔡锷前往担任教官。随后，蔡锷被任命为云南省都督，成为云南地区最高军政长官。

当时的云南讲武学堂和新军，集中了李烈钧、李根源、唐继尧、罗佩金等众多秘密的同盟会员，他们思想激进，活动频繁，积极策动和组织推翻清王朝的

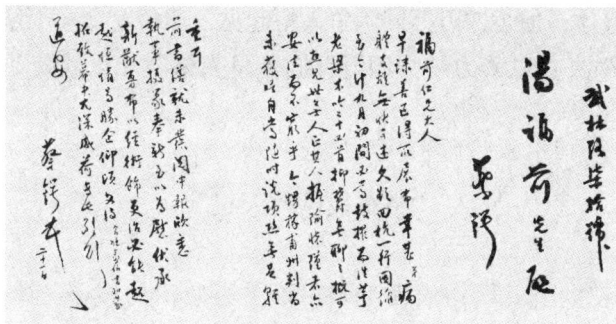

蔡锷书信手札

革命斗争。蔡锷虽然位居都督，不但不做清王朝的鹰犬，反而在日益高涨的革命形势影响下，暗中与同盟会保持联系，对革命党的活动给予同情和协助。他向李烈钧、李根源、唐继尧、罗佩金等同盟会员保证：一旦发生革命，一定给予"绝对同情支持"。

1911年10月10日，辛亥革命爆发。随后，各省先后宣布独立，脱离清朝封建统治。同月30日，蔡锷和同盟会员李根源等响应武昌起义，宣布云南独立，蔡锷被推为临时革命总司令，旋即成立云南军政府，蔡锷继续任都督，执掌云南军政大权。

1912年"南北和议"后，孙中山辞职，袁世凯当上了中华民国临时大总统。袁世凯对手握重兵、威望极高的蔡锷极为忌惮。1913年，袁世凯将蔡锷从云南调至北京，名义上是重用，其实是解除其权力，加以笼络与监视。

最初，蔡锷对袁世凯抱有幻想，认为他"宏才伟略，群望所归"。但袁世凯政治野心不断膨胀，先是残酷镇压资产阶级革命党人，打击民主共和力量，接着篡改宪法，破坏责任内阁制，强化集权统治，最后居然朝着复辟帝制的道路疾进。

1915年8月，在袁世凯的授意下，北京出现了一个打着"筹一国之治安"旗号的"筹安会"，为袁世凯复辟帝制制造舆论。接着，各类"联合会""请愿团"粉墨登场，纷纷为帝制大唱赞歌。

对于袁世凯复辟帝制的活动，蔡锷气愤已极。尤其令蔡锷错愕的，是那无数无耻谄媚之人，明知袁世凯复辟帝制是倒行逆施，依然惧怕其淫威，为帝制唱赞歌。蔡锷气愤之余，对恩师梁启超说："眼看着盈千累万的人颂袁世凯功德，上劝进表，袁世凯便安然登其大宝，叫世界看着中国人是什么东西呢？国内怀着义愤的人，虽然很多，但没有凭借，或者地位不宜，也难发手。我们明知力量有限，未必抗得过他，但为四万万同胞争人格起见，非拼着命去干这一回不可。"

于是，蔡锷决心以武力"为四万万同胞争人格"，以武装斗争，打破袁世凯的帝制迷梦。

"将军拔剑南天起"

为了迷惑袁世凯，蔡锷表面上装出不关心政治的样子，常去北京八大胡同，与名妓小凤仙相会。暗中他却多次潜赴天津，与老师梁启超商量讨袁计划，并初步拟定了赴云南发动武装起义的战略设想："云南于袁氏下令称帝后即独立，贵州则越一月后响应，广西则越两月后响应，然后以云贵之力下四川，以广西之力下广东，约三四个月后，可以会师湖北，底定中原。"

1915年11月，蔡锷摆脱袁世凯的监视，化装秘密离京赴津，旋以治病为名东渡日本，后经我国台湾、香港，再经越南，于12月19日抵达昆明。蔡锷抵达昆明，立即部署反袁力量，众人一致决议，袁世凯称帝之日，即是北上讨伐之时。

1915年12月13日，袁世凯下令取消民国，自称洪宪皇帝，从1916年起改用洪宪年号。

面对袁世凯的倒行逆施，按照预定计划，"将军拔剑南天起"，1915年12月25日，云南通电宣布独立，组成护国军，分别从四川、湘西和广西三个方向出师讨袁。蔡锷亲任第一军总司令，率4个旅约8000人的护国军入川北上，讨伐袁世凯。

蔡锷率军8000人入川，袁世凯令张敬尧为第二陆军总司令，督军四万入川堵击。重病在身的蔡锷，指挥士气高昂的护国军，不惧强敌，奋勇作战，连战皆捷，有力配合了其他方向军队的作战，推动了全国护国运动的发展壮大。

1916年3月22日，在全国声势浩大的反袁声浪中，众叛亲离的袁世凯被迫宣布取消帝制。6月6日，袁世凯死去，护国战争也随之结束。

英年早逝，举国哀鸣

袁世凯复辟失败了，护国战争结束了，蔡锷因过度劳累也病重不起了。1916年11月8日，年仅34岁的"共和守护者"蔡锷病逝。

1917年4月12日，北京国民政府在长沙岳麓山为蔡锷举行国葬，他成为民国历史上的"国葬第一人"。

这天，虽然大雨滂沱，行止不便，但送葬队伍仍有千人以上。北京政府

护国军出征前合影，中为蔡锷

正、副大总统和军政机关以及广东、湖南、云南等十多个省，都派出代表送葬。国民党知名人士谭人凤、刘揆一等，也以私人身份参加了葬礼。

"共和国的守护者"辞世，全国唁祭，祭辞和挽联雪片般拥来。

孙中山在挽蔡锷的对联中，把蔡锷比作投笔从戎的班超和功在东汉的马援：

平生慷慨班都护，万里间关马伏波。

护国战争中的战友唐继尧在挽联中表达了彼此并肩战斗的深厚感情：

攻错似曾左，交谊似雷陈，为国家患难相依，竟惨类扼吭，问年只等周公瑾；

发愤如祖刘，代将如郭李，倘时局纷纭多事，恐难鸣孤掌，何处重逢钟子期！

蔡锷的部下、后为新中国十大元帅之首的朱德挽联为：

勋业震寰区，痛者番，向沧海招魂，满地魑魅迹踪，收拾山河谁与问；

精灵随日月，倘此去，查幽冥宋案，全民心情盼释，分清功罪大难言。

同盟会员、蔡锷的军需官丁怀瑾挽曰：

成不居首功，败不作亡命，誓师二语，何等光明，故一旅突兴
再造共和；
下无逞意见，上无争利权，遗书数言，如斯深切，问举国朝野
奚慰英灵？

蔡锷红颜知己小凤仙的两副挽联，当时广为流传。
第一联是：

不幸周郎竟短命，早知李靖是英雄！
第二联是：

万里南天鹏翼，直上扶摇，那堪忧患余生，萍水姻缘成一梦；
几年北地胭脂，自悲沦落，赢得美人知己，桃花颜色亦千秋。

袁世凯的儿子袁克文挽蔡锷联为：

军人模范，国民模范；自由精神，共和精神。

位于长沙岳麓山的蔡锷墓

　　看见这副挽联的人都觉得奇怪，有人对袁克文说："尊甫到手帝制，推翻于蔡氏之手，论其势则不两立。于今以是联挽蔡，将置尊甫于何地乎？"

　　袁克文笑着说："就私情论蔡，我仇也。就公义言，吾极推重之。执两义相衡，吾宁置私情而趋公义。"

　　古往今来，所谓名满天下者，赞誉者再众，谤亦随之。可是，蔡锷却打破了此例，他的成败生死，不论是友是敌，莫不对他由衷称道。之所以如此，根本原因是蔡锷以天下为己任，而不以天下为己私。

　　一个"为四万万同胞争人格"的人，自然本身有着高尚人格，自然深受众人敬仰。

中国一定有个可赞美的光明前途

方志敏 ◉

方志敏（1899—1935），1899年出生于江西省上饶市弋阳县。1922年8月加入中国社会主义青年团，1923年3月转入中国共产党。1928年1月参与领导弋横暴动，创建赣东北苏区，领导组建中国工农红军第十军。先后任赣东北省、闽浙赣省苏维埃政府主席，红十军、红十一军政治委员，中共闽浙赣省委书记。1934年11月，率中国工农红军北上抗日先遣队北上宣传抗日救国。1935年1月在江西省玉山县被俘，8月被杀害。在狱中，严词拒绝了国民党的劝降，著有《清贫》《可爱的中国》《狱中纪实》《给党中央的信》等。

征程未竟，身陷囹圄

1934年12月，方志敏按照中央命令，率由红十军团组成的红军北上抗日先遣队从赣东北出发，向皖南进军，以掩护中央红军向西长征。红十军团一万余人孤军进入皖南后，连遭围追堵截，有耗无补，损失极大。

1935年初，部队折返皖赣边界，但就在回撤途中，在浙赣边的开化、德兴两县交界处，被七倍于己的国民党军重重包围。当时，方志敏带领前卫800余人已冲出包围圈，见大部队未跟上便要返回。师长粟裕和其他同志要方志敏先去赣东北苏区，他们回去接应大部队。方志敏却下命令让他们先行，自己率十几名警卫人员趁黑夜潜入包围圈，寻找军团长刘畴西率领的约3000人大部队。在生死关头以高度的责任心自愿走上最危险之路。

方志敏找到大部队后，马上组织突围，但这时敌军已经收紧了包围圈。红军血战八天八夜，多次突围未果，弹尽粮绝。除部分指战员或三五成群或成班成排冲出重围外，千余人阵亡。因负伤或饥饿倒地不起而被俘者超过千人。

1935年1月28日，天黑后，饥疲不堪的方志敏在山坡上燃起两堆大火，向四周大喊："我是方志敏，快出来向我靠拢！"这样，他又集合起不少分散躲藏的干部战士，并将他们临时编成一个团。

1月29日天亮后，众多敌军压来，部队再度被打散。方志敏数日水米未进，藏进一个柴窝，昏晕了过去。国民党军前来搜捕，方志敏不幸被敌搜出。当天，方志敏被押往在怀玉山麓玉山县陇首村的国民党军独立第43旅一个团部。第二日，方志敏被竹轿子从陇首村抬至玉山县城，关押在城内大水坑任荫奎大宅邸——国民党军独立第43旅旅部。

方志敏与刘畴西等一起，被国民党军警押至上饶，关押在赣浙闽皖边区警备司令部。

抓到了共产党的省主席级高官，国民党异常兴奋。2月1日，国民党当局在上饶公共体育场举行了"上饶各界庆祝生擒方志敏大会"。戴着手铐脚镣的方志敏，在台上昂首挺立，正气浩然，观者无不暗暗惊叹、敬佩。方志敏在狱中文稿里写下了当时的心境："他们背我到台口站着，任众观览。我昂然地站着，睁大眼睛看台下观众。我自问是一个清白的革命家，一世没有做过一点不道德的事，何所愧而不能见人。……到了弋阳和南昌，也同样做了这套把戏，我也用同样的态度登台去演这幕戏。"

2月2日一早，方志敏等三人和原红军学校第五分校教育长曹仰山一起，被国民党大队军警从上饶押往南昌。途经方志敏的家乡弋阳县城时，地方当局又召开了所谓"庆功会"。

当天下午4时半，方志敏等4人被押抵南昌，囚禁于"委员长行营驻赣绥靖公署"军法处看守所。

2月7日是正月初四，在南昌建有中山纪念堂的豫章公园，国民党江西当局又举行了"庆祝生擒方志敏大会"。

作为一个革命者，方志敏壮志未酬，征程未竟，却不幸被俘，身陷囹圄，但他暗暗下定决心，坚持革命信念：为民族独立而死，为中国被压迫人民的奋斗而死，为反对帝国主义侵略中国而死，是光荣的。

被俘之初，方志敏等认为国民党很快就会将自己杀害，为此他们商量好了临刑前的口号。

然而，国民党并没有立即杀害方志敏等革命志士，而是想尽办法劝降。在敌人软硬兼施的威逼面前，方志敏以大无畏的革命气节，不为敌人的任何劝诱所动。

爱国主义的千古绝唱

方志敏被俘后，国民党先是反复诱降，诱降失败便虐待毒打。他们给方志敏吃霉米饭，里面都是稗子、谷壳和沙石。一天洗漱饮用只给两碗水，牢房里黑暗潮湿，老鼠到处跑，臭虫爬满墙，虱子满被褥。方志敏本来就患有肺病，残酷的折磨使他的身体越来越衰弱。敌人还不断地用酷刑摧残方志敏，用皮鞭抽打，坐老虎凳，灌辣椒水。方志敏忍受着巨大的疼痛，毫不动摇，没有透露一点党的机密。敌人黔驴技穷，最后又拿来纸和笔，让他写"口供""自白书"。方志敏被捕后一直想写点东西，就利用这个机会，埋头写了起来。他知道，时间不会太长了，敌人总会下毒手的。在牢房里写作的艰难可想而知，方志敏又重病在身，写不了多大工夫就头晕。他咬牙坚持，每天写十几个小时。就这样，在极为艰苦的条件下，方志敏饱含激情和对党的忠诚，在敌人牢房里写下了传世之作：《清贫》《可爱的中国》《狱中纪实》等作品。

《清贫》主要写的是方志敏在被俘的那一天，抓到他的两个国民党士兵满肚子希望从他这个共产党省主席身上搜出千八百大洋，哪知只搜到一只怀表和一支自来水笔。反映了共产党人革命不是为了发财，而是为了理想的高尚情操。

《狱中纪实》是方志敏六个月牢狱生活的真实记述，反映了方志敏为了革命，为了理想，绝不向敌人屈服，绝不背弃共产主义信仰的坚强意志。

《可爱的中国》是方志敏狱中最重要的作品。在这部作品中，方志敏满怀爱国主义激情，把祖国比作"生育我们的母亲"，高声疾呼"救救母亲呀"，愤怒地控诉了帝国主义肆意欺侮中国的种种令人发指的罪行，号召每一个有志青年拿起武器，捍卫祖国的尊严，并坚信中华民族终将走上胜利的道路。文章饱含爱国情怀和胜利信心，字字句句都是用鲜血和生命写成的，读后令人震撼，催人奋进，可谓爱国主义的千古绝唱。

这些作品写完后，方志敏通过狱友和受到其革命精神感染的狱卒，分四次

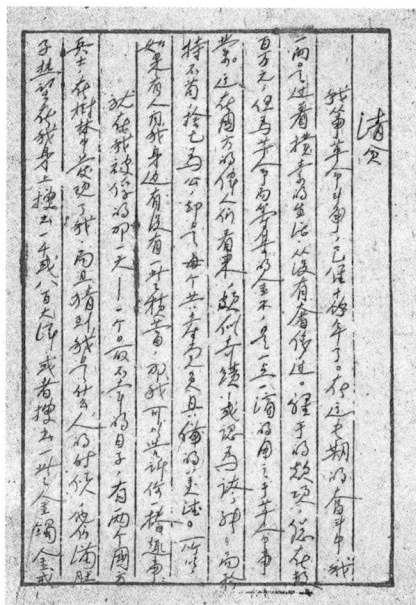

方志敏《清贫》手稿

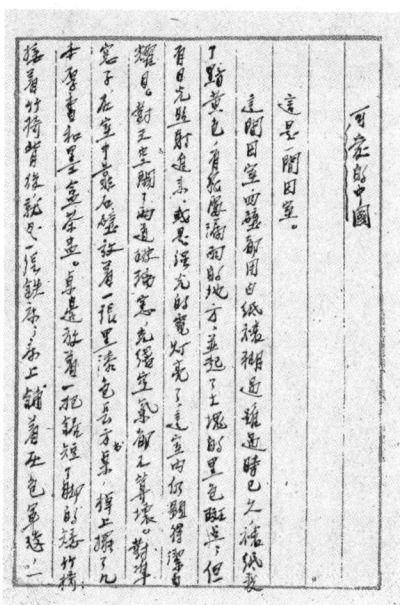

方志敏《可爱的中国》手稿

转出狱外，并通过鲁迅等人，转交给了党中央。

"中国一定有个可赞美的光明前途"

方志敏所生活的时代，虽然是国民党当政，帝国主义势力横行，人民生活困苦的时代，方志敏自己也身在狱中，但对祖国母亲的光明前途，他充满信心。他在《可爱的中国》中，饱含激情地写道：

目前的中国，固然是江山破碎，国弊民穷，但谁能断言，中国没有一个光明的前途呢？不，决不会的，我们相信，中国一定有个可赞美的光明前途。中国民族在很早以前，就造起了一座万里长城和开凿了几千里的运河，这就证明中国民族伟大无比的创造力！中国在战斗之中一旦斩去了帝国主义的锁链，肃清自己阵线内的汉奸卖国贼，得到了自由与解放，这种创造力，将会无限的发挥出来。到那时，中国的面貌将会被我们改造一新。所有贫穷和灾荒，混乱和仇杀，饥饿和寒冷，疾病和瘟疫，迷信和愚昧，以及那慢性的杀灭中国民族的鸦片毒物，这些等等都是帝国主义带给我们可憎的赠品，将来也要随着帝国主义的赶走而离去中国了。朋友，我相信，到那时，到处都是活跃的创造，到处都是日新月异的进步，欢歌将代替了悲叹，笑脸将代替了哭脸，富裕将代替了贫穷，康健将代替了疾病，智慧将代替了愚昧，友爱将代替了仇杀，生之快乐将代替了死之悲哀，明媚的花园将代替了凄凉的荒地！这时，我们民族就可以无愧色地立在人类的面前，而生育我们的母亲，也会最美丽地装饰起来，与世界上各位母亲平等地携手了。

这么光荣的一天，决不在辽远的将来，而在很近的将来，我们可以这样相信的，朋友！

为了威逼方志敏投降，6月，敌人又抓了方志敏的妻子缪敏和儿子方英、方明，并判处他们无期徒刑，关押在南昌女子监狱。当敌人以夫妻父子感情对受尽折磨的方志敏诱降时，方志敏严词回绝："我失去了自由，妻子和儿女哪还能顾得到？我只有抛下他们。"敌人无奈，于1935年8月6日在南昌杀害了36岁的方志敏。

方志敏带着坚信"中国一定有个可赞美的光明前途"的信念，为了人民解放事业，为了中华民族之崛起，英勇地牺牲了。

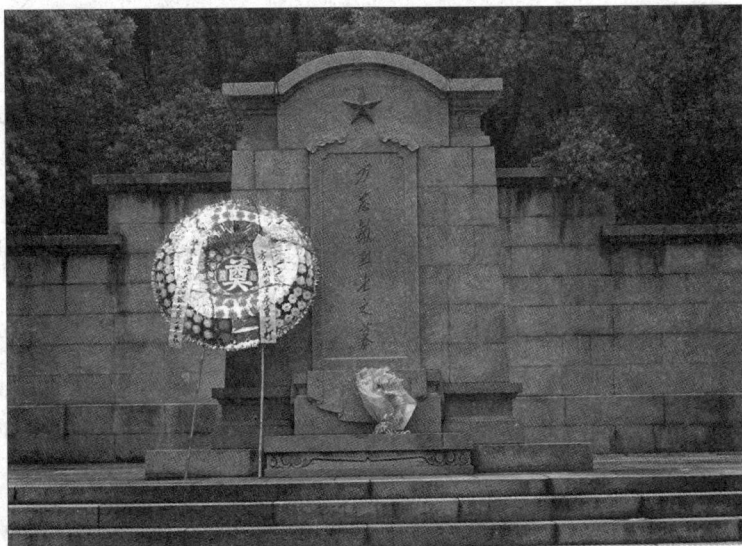

江西南昌方志敏烈士墓

方志敏英勇就义的消息震惊世界。同年8月，在莫斯科召开的共产国际七大上，中共中央代表发言说："中国红军北上抗日先遣队的总司令方志敏同志中计被俘以后，在几个月的时间内……表现出至死不屈的节操和为国尽忠的义气。方志敏同志的肉体虽被摧残了，但方志敏同志的抗日救国精神，将如日月经天、江河亘地而永垂不朽。"同年12月，共产国际文件中把方志敏和毛泽东、朱德并列称为"中国红军之父"，是"中华苏维埃和中国红军的领导者"。

而方志敏伟大的爱国主义精神，也同时成为中国人民宝贵的精神财富。

民族英雄，千古功臣

张学良 ⊙

张学良（1901—2001），字汉卿，号毅庵，出生于辽宁省台安县。张学良是中国近代史上声名显赫、战功卓著的爱国将领。从青少年时代起，"救中国、图强盛"的思想就已经深埋在他的心里，"维护国家统一，争取民族独立"更是成为他一生矢志不渝的追求。从1928年到1936年短暂的8年执政生涯中，先后有东北易帜、武装调停中原大战、西安事变三次扭转历史的爱国壮举。西安事变后他不顾个人安危，慨然送蒋，促成了第二次国共合作，奠定了全民族团结抗日的基础。此后，虽长期遭受不公平待遇，但始终淡泊荣利、无怨无悔。晚年心系海峡两岸和平统一大业，企盼民族振兴，国家强盛。他的卓越功勋和爱国风范彪炳青史，为世人景仰。

东北易帜，结束国家四分五裂

张学良出身在一个封建军阀家庭，自幼在家庭私塾的指导下，系统学习了中国传统文化。在学习英文和加入奉天基督教青年会的同时，他又广泛地接触了欧美文化，深受中国传统的儒家思想和近代资产阶级民主革命思想的双重熏陶，加上亲眼所见日俄两大帝国的肆意侵扰和屠杀，张学良很早就萌发了反帝爱国的思想。早在1915年，刚刚15岁的张学良就参加了反对日本妄图灭亡中国的"二十一条"运动。当张学良聆听了著名教育家、南开大学校长张伯苓先生《中国之希望》的演讲后，他就立誓"为国家做事""本个人之良心，尽个人之能

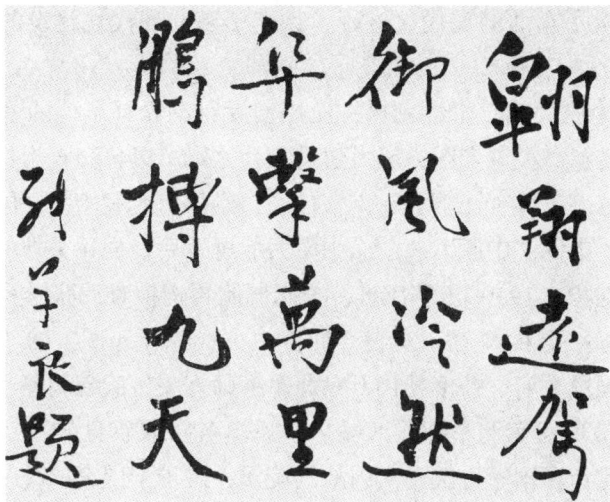

张学良手迹

力，努力救中国"。正是从那时候起，张学良便以一个"爱国狂"的姿态步入了社会，并为之矢志不渝。

1928年6月4日，日本关东军精心策划了皇姑屯事件，炸死了退守关外的张作霖。这起突发的变故令东北当局措手不及，东北一时群龙无首。6月17日，张学良乔装成一名伙夫，从滦州返回奉天后于21日正式对外公布张作霖逝世的消息。为父发丧后，年仅28岁的张学良被推举为东三省保安总司令，从此开始了他主政东北的政治生涯。

临危受命的张学良主政东北后，励精图治，内饬戎政，外争国权，施展着他的理想和抱负。一贯力主"息争御侮"的张学良，不顾日本的百般阻挠，坚决表示自己是中国人，必须坚持"中国为中国人之中国"的立场，毅然宣布服从南京国民政府，实行东北易帜，粉碎了日本帝国主义企图将东北分裂出中国版图的野心。东北易帜标志着北洋军阀长达16年的军阀混战和长期分崩离析的局面彻底结束，中国实现了形式上的统一。

武装调停中原大战，维护国家统一

受命于危难之时的张学良面对内忧外侮、国难家仇，时刻不忘经济建设，发出了"急起直追"的呐喊，亲自主持倡导了"东北新建设"。他在日本帝国主义侵略压迫东北的夹缝中，整军经武、振兴实业，开垦农业、修筑铁路、建筑港口，极大地推进了东北的现代化进程，创造了东北现代化建设的十个"中国第一"。

武装调停中原大战，张学良再一次用实际行动诠释了他的爱国壮举。1930年，正当张学良意欲大展宏图，努力建设东北之际，以蒋介石为代表的南京政府派和以阎锡山、冯玉祥、汪精卫、李宗仁、白崇禧为代表的北平国民政府派挑起了新军阀混战，史称"中原大战"。中原大战爆发后，拥兵关外的张学良成为各方极力拉拢的对象。1930年9月18日，不忍同胞再遭罹难的张学良积极倡导"永息内战，拥护统一"的口号，发表"拥护中央、呼吁和平"的"巧电"，明确表示支持南京国民政府，并率领10万东北军挥师入关，武装调停了蒋、阎、冯之间的"中原大战"。东北军拥兵入关后，反蒋各派偃旗息鼓，"中原大战"宣告结束，从而避免了国家再次卷入内战的旋涡，维护了国家的统一。1930年10月9日，张学良在沈阳宣誓就任中华民国陆海空军副司令之职，节制辽、吉、黑、晋、察、热、绥、冀八省区军权，年仅30岁的张学良登上了他政治生涯的顶峰。

西安事变，促成国共合作抗战

西安事变让张学良在中国近代史上又写上了浓墨重彩的一笔。1936年的中国已处于亡国的边缘，日寇的铁蹄正在中华大地上肆虐：东北沦陷！华北危急！平津危急！中华民族到了最危险的时候！经过长征的中国共产党，坚持团结全国人民一道抗战。而此时，蒋介石却紧紧抓住"攘外必先安内"政策不放，积极推进"剿共"方针，要消灭共产党和红军于危难之中。在民族垂危的历史关头，张学良出于民族大义，一方面为红军送去大量军需物资，一方面力劝蒋介石停止内战，一致对外。他下定决心走逼蒋联共抗日的道路，一次次的劝谏、净谏、哭谏都无济于事。为逼蒋抗日，12月12日，张学良与杨虎城毅然发动了西安事变，兵谏救国。西安事

张学良护送蒋介石被蒋扣留后写的带有遗嘱性质的信

变，结束了国共两党长达十年的内战，迎来了两党共赴国难的第二次合作，迎来了中华民族全民族抗战胜利的曙光。对西安事变的重大意义，毛泽东说："如果没有12月25日张汉卿送蒋介石先生回京一举，如果不依照蒋介石先生处置西安事变的善后办法，则和平解决就不可能。兵连祸结，不知要弄到何种地步，必然给日本一个最好的侵略机会，中国也许因此亡国，至少也要受到极大损害。"

西安事变后，张学良送蒋归京，却从此开始长达54年的幽禁岁月。

回首张学良将军百年生涯，从青年将领到兴办实业的"东北王"，从主政东北到全国陆海空军副司令……这些彪炳千秋的丰功伟绩，无不闪烁着爱国主义的光芒。从罢兵

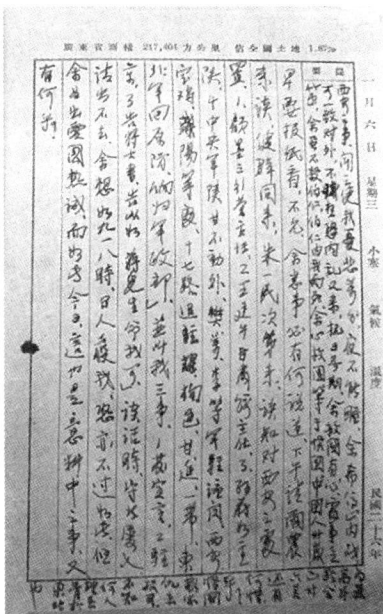

张学良被蒋介石扣留后写的日记

易帜到武装调停"中原大战"再到撼动乾坤的西安事变，这一件件历史壮举，都根源于张学良"我是中国人"这个崇高的信念。张学良穷其一生都在为国家、为人民舍生取义，正如赵一荻在晚年对他的评价："他并不爱哪一党，亦不爱哪一派，他所爱的就是他的国家和他的同胞，因为任何对国家有益的，他都甘心情愿的牺牲自己去做。"

2009年9月10日，在中共中央宣传部、中央组织部等11个部门联合组织的"100位为新中国成立做出突出贡献的英雄模范人物"和"100位新中国成立以来感动中国人物"评选活动中，张学良被评为"100位为新中国成立做出突出贡献的英雄模范人物"。这是对爱国将领张学良的肯定，对他的赞扬。

张学良是中国历史长河中的一颗巨星，是现代爱国者的典范。在他辉煌的百年人生中，虽历尽沧桑，有过挫折也有过失误，但始终光彩照人。尽管他不是完人，世人对他的评价褒贬不一，但他永远是一个能为国家、民族甘于舍弃一切的勇者，永远是一个热爱生命，追求自由的强者！他崇高的爱国主义精神和伟大的人格魅力是不朽的，是永远值得我们珍藏的宝贵精神财富！

国破尚如此，我何惜此头

吉鸿昌（1895—1934），抗日爱国名将，民族英雄。1913年入冯玉祥部，因骁勇善战，1926年官至师长。1932年加入中国共产党，1934年参与组织中国人民反法西斯大同盟，被推为主任委员，秘密印刷《民族战旗》报，宣传抗日，联络各方，准备重新组织抗日武装。11月9日，在天津法租界遭军统特务暗杀受伤，遭工部局逮捕，被引渡到北平军分会。11月24日，经蒋介石下令，吉鸿昌被杀害于北平陆军监狱，时年39岁。

我是中国人

吉鸿昌原名恒立，字世五，河南扶沟人。他出身在贫苦的农民家庭，从小就有很深的爱国思想。1913年，不满18岁的吉鸿昌投到冯玉祥部当兵，因骁勇善战、智勇双全而深受赏识，从士兵递升至军长。吉鸿昌虽不断升官，却丝毫没有改变"当兵救国，为民造福"的初衷，时刻铭记着父亲"做官即不许发财"的教诲，平时省吃俭用，兴办公益事业。1921年，吉鸿昌回乡探亲时，看到依旧贫穷落后的家乡，他毅然拿出自己的全部积蓄，用一所破庙作校舍，创办了"吕北初级小学"，同时立下规定：凡是贫家子弟，一律免费上学，解决了家乡子弟求学的问题。这所学校一度被誉为"豫东第一"。

1931年秋，矢志抗日的吉鸿昌将军被蒋介石逼迫下野，到国外"考察"。

出国之前，已是震撼中外的九一八事变之后。日本帝国主义侵占了我国的东北三省。蒋介石为了阻挠吉鸿昌的抗日活动，立逼他"携眷出国"，作"军事考察"，而实际上是夺去了他的军权，将他流放国外。

吉鸿昌

船到美国，吉鸿昌就接二连三地遭到意想不到的刺激：那里的头等旅馆不接待中国人，对日本人却奉若神明。一次在纽约，他穿着整齐的军装，率领一行从属人员走在街上，突然有人拦住他故意问道："你是日本人吧？！"吉鸿昌叫翻译回答说："不，我是中国人！"对方听了摇摇头表示不相信地说："中国人？东亚病夫，不可能有这样魁梧、高大的军人……"又一次，他到纽约的一家邮局寄送东西，那里的工作人员又明知故问地说："你是哪国人？"将军大声说道："我是中国人！"对方奚落地说："地图上已经找不到中国了。"吉鸿昌异常愤怒，刚要发作，陪同的使馆参赞劝道："你为什么不说自己是日本人呢？只要说自己是日本人就可受到礼遇。"吉鸿昌当即怒斥："你觉得当中国人丢脸吗？可我觉得当中国人光荣！"

接连受到这样的嘲笑和侮辱，使他异常气愤，甚至连饭也吃不下去了。他严肃地说："侮辱我吉鸿昌本人，我并不在乎，但是我们是代表中国到美国来考察的，受侮辱的是我们整个国家，整个民族啊！"他坚决地表示："下次外出时，就带上'我是中国人'的牌子，让外国的朋友们都知道中国人是有血性的，有五千年文明史的中华民族一定会重新振兴起来的！"

果然，他用草板纸自制了一个约半尺长的长方形牌子，用毛笔写着"我是中国人"几个大字，并在下边注上英文。他挺着胸膛，昂首阔步地穿过围观的人群，显示出中华民族的骄傲。

在国外，吉鸿昌还利用记者的采访，以事实揭露了日本侵略中国的种种罪行，并斥责英国纵容日本侵略中国和蒋介石对日妥协的丑恶行径。在德国，吉鸿昌曾多次要求到苏联参观访问，遭到蒋介石政府使馆的百般刁难，不予签证。悲愤之下，吉鸿昌挥笔疾书："渴饮美龄血，饥餐介石头；归来报命日，恢复我神州。"

投身抗日洪流

"一·二八"淞沪抗战爆发后，吉鸿昌闻讯立即回国，暂住天津，开始秘密与中共华北政治保卫局联系。1932年4月，吉鸿昌在北平光荣地加入了中国共产党，由一个爱国的旧军人转变为坚定的共产主义战士，从此踏上了新的革命征程。他按照党的指示，到湖北黄陂、宋埠一带召集旧部策划起义。起义失败后，他又赶赴泰山动员他的老领导冯玉祥出山组织武装抗日。为筹措抗日经费，吉鸿昌毁家纾难，变卖家产6万元购买武器，积极联络各地抗日零散武装，作起兵抗日的准备。

很快，吉鸿昌同冯玉祥、方振武等抗日将领依靠苏联的武器支援和集合东北义勇军在张家口宣布成立"察哈尔民众抗日同盟军"，吉鸿昌任前敌总指挥兼第2军军长。在收复康保、宝昌、沽源等城池后，吉鸿昌又指挥部队向多伦进攻。经过五昼夜血战，终于收复多伦。察北四城的收复，极大地鼓舞了全国人民的斗志。然而，奉行"攘外必先安内"政策的蒋介石却反诬同盟军破坏"国策"，令何应钦指挥16个师与日军夹击抗日同盟军。

吉鸿昌无奈之下找到了方振武，准备一同进攻由国民党军驻守的北平城。9月21日，行进到日军和国民党军交界的非武装区。日军飞机投放传单，要求吉鸿昌部队3日内离开，不然派兵"剿"灭，吉鸿昌在3日内离开了。10月10日，吉鸿昌部队在进攻到北平附近的昌平时，被中央军、晋军、西北军包围，军队哗变崩溃。

随后，日军主力在察哈尔边境集结，并驱使败退伪军准备重新进攻。苏联在国民政府的压力之下也停止了对抗日同盟军的支援。国民政府中央也派出要员去说服抗日同盟军领袖冯玉祥放弃独立割据的念头，将部队交给中央指挥。而中共则在抗日同盟军内部开始宣传策反，准备将抗日同盟军发展成红军，在河北山西建立苏区。内忧外患之时，抗日同盟军内部的东北义勇军部首先表示归附中央。冯玉祥也发表声明取消了抗日同盟军司令的头衔。8月15日，伪军重新进攻多伦。分崩离析的抗日同盟军不敢正面对抗。在15日夜连夜不战放弃多伦，全军转移。转移之后，剩下的5万抗日同盟军彻底瓦解。吉鸿昌战至10月，终因弹尽粮绝而失败。

1934年5月，吉鸿昌回到天津，组织成立了"中国人民反法西斯大同盟"，他被推为主任委员，进行抗日民族统一战线工作。在他家三楼秘密设立了一个印刷所，出版机关刊物《民族战旗》。他的家也成了中共党组织的地下联络站，党内同志亲切地称之为——红楼。

死了也不能倒下

1934年11月9日，吉鸿昌在法租界秘密开会时遭军统特务暗杀受伤，被法国工部局逮捕，后引渡到北平军分会。国民党军分会组织"军法会审"时，吉鸿昌大义凛然，把法庭变成抗日的讲堂。何应钦亲自审问，要吉鸿昌说出抗日活动的秘密。吉鸿昌义正词严地回答："抗日是四万万五千万中国人民的事情，有什么秘密！只有蒋介石和你们，跟日本勾勾搭搭，尽干些祸国殃民的坏事，才有见不得人的秘密。"当问到"为何加入共产党，危害民国时"，他坦然地说："我是中国共产党党员，我为我们党的主义和政纲而奋斗。我摆脱了旧军阀的生活而转到为劳动群众、为全人类的正义进步而斗争的阵营里，这正是我的光荣。你们说我们党是'危害民国'，试问你们又干了些什么？你们当政七年来，掀起了无数次的内战，酿成了空前水旱浩劫，断送了东北、断送了热河，又快要断送华北各地。你们的所作所为，哪一样不曾危害民国？哪一样不是危害民国？我们共产党在中国民族解放运动中不避牺牲，不辞艰苦，正是为了保护民国。"敌人用尽毒刑，把吉鸿昌打得遍体鳞伤。直到临死前一夜，吉鸿昌还在狱中宣传抗日。有人劝他休息一下，他说："我就要永远'休息'了，你让我多宣传几句吧！"

11月24日，吉鸿昌像出门散步一样，从容不迫走上刑场。就义前，他用树枝作笔，在地上写下了气吞山河的诗句：

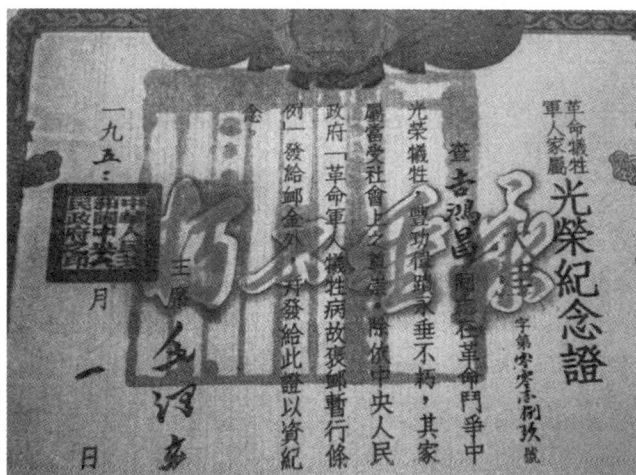

毛泽东于1953年亲自签发的吉鸿昌"革命牺牲军人家属光荣纪念证"烈士证

吉鸿昌纪念馆外的吉鸿昌全身浮雕

恨不抗日死，留作今日羞。

国破尚如此，我何惜此头。

写毕，他喝令特务说："告诉你们，我为抗日死，不能跪下挨枪，我死了也不能倒下！""给我拿把椅子来，我得坐着死。"

椅子拿来了，吉鸿昌声色俱厉地对那个拿枪的刽子手说："我为抗日而死，死得光明正大，不能在背后挨枪。""你到我的眼前开枪！我要亲眼看着蒋介石的子弹是怎样打死我的！"

吉鸿昌瞪起两只大眼，高呼："打倒日本帝国主义！中国共产党万岁！""中国革命万岁！"在这震山撼岳的呼喊声中，英勇的共产党员、中华民族的英雄吉鸿昌壮烈地牺牲了，年仅39岁。但是，他那"死也不倒下"的英雄形象，却永远活在人们的心里。

1945年，在中共七大上，吉鸿昌被定为全党褒扬的革命烈士。周恩来总理在1971年指出："吉鸿昌同志由旧军人出身，后来参加共产党，牺牲时很英勇，从容就义，很有必要把他的事迹出书。"1984年，在纪念烈士牺牲50周年前夕，河南扶沟人民在烈士陵园吉鸿昌事迹陈列馆前，为吉鸿昌烈士塑了铜像。

一

促进发展，推动进步

严 复 ○

精通西学第一人

严复（1854—1921），初名严传初，改名宗光，字又陵，后改名复，字几道，汉族，福建福州人，翻译家和教育家。翻译《天演论》，系统地介绍西方民主和科学，宣传维新变法思想，是清末极具影响的资产阶级启蒙思想家，是近代中国向西方国家寻找真理的"先进的中国人"之一。

学习知识，培养人才

严复出身于福州市中医世家。13岁考入福州船政学堂，5年后，毕业先后在"建威""杨武"两舰实习5年。1877年23岁的严复作为该学堂首届毕业生中的11位佼佼者之一，被清政府派往英国伦敦格林威治的皇家海军学院，学习海军驾驶技术。政府希望把他培养成海军的"良将"。在英国期间，他除了必修的海军战术、海战公法、枪炮营垒等课程外，利用一切时机，如饥似渴地从英法大思想家的著作中吸取营养。两年后毕业归国时，他不仅是海军大学的优秀毕业生，而且对西方资本主义的思想文化

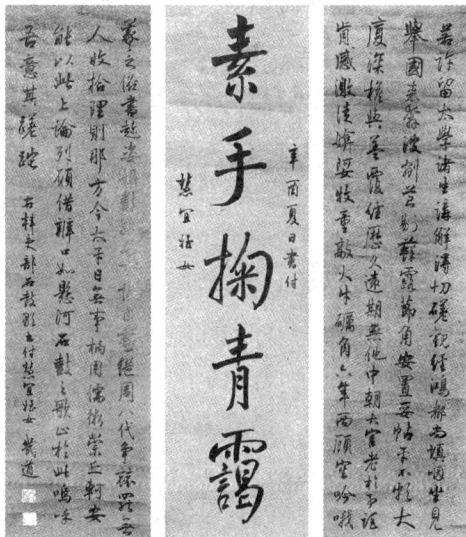

严复手迹

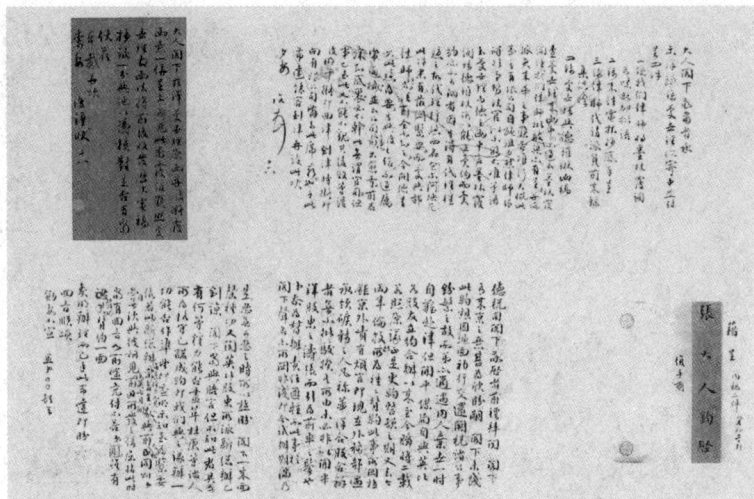

严复书札

有了深入的了解。他在学识方面的造诣引起首任驻英公使郭嵩焘的赏识，两人结为忘年之交。

严复回国后，先在母校福州船政学堂后学堂任教习。一年后到天津李鸿章创办的北洋水师学堂所属驾驶学堂任"洋文正教习"，给北洋水师学堂带来了西方现代海军管理思想和教学理论。由于他对待工作认真负责、教育教学工作管理有方，后来升任学堂总教习（教务长）、会办（副校长）、总办（校长）。严复在北洋水师从教20年，培养了民国大总统黎元洪、南开大学校长张伯苓、北洋大学提调兼直隶咨议局议长王劭廉、著名翻译家伍光健等众多人才。北洋水师学堂作为新式海军学校，被誉为"开北方风气之先、立中国兵舰之本"的学校。

宣传维新理论

严复从教这20年也是世界列强开始瓜分中国的20年。清政府先后与法国、日本签订屈辱的合约。此后帝国主义掀起瓜分中国的狂潮，亡国的危险迫在眉睫。空前的民族危机激发了严复的爱国热情。严复主张变法自强，要救国只有维新，要维新只有效法西方国家。

严复在天津《直报》上，先后连续发表《论世变之亟》《原强》《辟韩》《救亡决论》等四篇政治论文，他不仅阐述维新的必要性、重要性、迫切性，而且尖锐地批判两千年来的封建专制制度，主张变法维新、武装抗击外来侵略。严复在《原强》中提出，一个国家的强弱存亡决定于三个基本条件："一曰血气体力之强，二曰聪明智慧之强，三曰德性义仁之强。"他幻想通过资产阶级的体、智、德三方面教育增强国威。"是以今日要政统于三端：一曰鼓民力，二曰开民智，三曰新民德。"所谓鼓民力，就是全国人民要有健康的体魄，要禁绝鸦片和禁止缠足恶习；所谓开民智，就是促进人民的智慧，主要是废除科举和八股文，以西学代替科举。严复疾呼必须实行变法，否则必然亡国。而变法最当先的是废除八股。严复历数八股的危害："夫八股非自能害国也，害在使天下无人才，其使天下无人才奈何？曰有大害三：'其一曰锢智慧，其二曰坏心术，其三曰滋游手'。"所谓新民德，是培养人民的新道德，主要是废除专制统治，实行西方的"民主""自由""平等"和政治制度。主要办法是创立议院和废除封建宗法制度和伦理道德。《辟韩》一文尖锐地批判了韩愈的君主专制说，提倡君主立宪，进一步发挥了卢梭"民约论"的民主思想。严复要求维新变法，却又主张"惟不可期之以聚。""除而不骤"的具体办法就是要通过教育来实现，即在当时的中国，要实行君主立宪，必须开民智之后才能实行。总之，"教育救国论"是严复的一个突出思想特点。此四篇文章发表后，严复成为朝野瞩目的人物。

严复提倡西学，反对洋务派"中学为体、西学为用"的观点。他曾多次将中学与西学作比较："中国最重三纲，而西人首言平等；中国亲亲，而西人尚贤；中国以孝治天下，而西人以公治天下；中国尊主，而西人隆民……其于为学也，中国夸多识，而西人恃人力。总之，西学于学术则黜伪而崇真。"他还指出"中国之人好古而忽今，西之人力今以胜古"，"古之必敝"。他认为就是尧、舜、孔子生在今天的话，也是会向西方学习的，要救中国必须学西学和西洋"格致"："盖非西学，洋文无以为耳目，而舍格致之事，则仅得其皮毛。"他认为"中学有中学之体用，西学有西学之体用，分之则两立，合之则两止"。他认为应做到"体用一致""本来一致"。要从政治制度上进行改革，提出"以自由为体，以民主为和"的资产阶级教育方针。

严复主张多办学校，他曾论述西洋各国重视教育，对"民不读书，罪其父母"的强行义务教育表示赞赏。因为中国民之愚智悬殊，自然不能胜过人家。基于这种思想，严复对办学校是积极的。他除亲自总理北洋水师学堂长达20年外，还帮助别人办过学校，如天津俄文馆、北京通艺学堂等。严复要求建立完整的学校系统来普及教育，以"开民智"。他根据资本主义国家的制度，提出中国的学校教育应分三段的计划，即小学堂、中学堂和大学堂。小学堂吸收16岁以前的儿童入学；中学堂吸收16岁至21岁文理通顺、有小学基础的青年入学；大学堂学习三四年，然后升入专门学堂进行分科的专业学习。同时，还要把学习好的聪明之

天津古文化街严复铜像

士送出国留学，以造就学有专长的人才。

此外，严复还很重视妇女教育。他对当时上海径正女学的创办大为赞赏，认为这是中国妇女摆脱封建礼教束缚的开始，也是中国妇女自强的开始。他从救亡图存的目的出发，认为妇女自强"为国致至深之根本"。他还主张妇女应和男子一样，在女学堂里既要读书，又要参加社会活动，如果不参加社会活动，创办的女学堂就和封建私塾没什么区别，因而也就无意义了。

译著《天演论》，影响海内外

戊戌变法后，他致力于翻译西方资产阶级哲学社会学说及自然科学著作，是一个资产阶级启蒙思想家。根据当时形势需要，他翻译了英国生物学家赫胥黎的《天演论》，以"物竞天择，适者生存""时代必进，后胜于今"作为救亡图存的理论依据，在当时产生了巨大的影响。

赫胥黎是英国生物学家，他的第九卷文集名为《进化论与伦理学及其他》。前两篇题为《进化与伦理》，专讲进化论，严复把它简译为《天演论》。赫胥黎用达尔文生物进化的原理，来解释社会发展的规律和人们之间的相互关系。他认为：生物是进化的，产生这种进化的原因就是"物竞"和"天择"。"物竞"是生存竞争，"天择"是自然选择。一争一择就发生了生物进化。赫胥黎认为这种规律同样适用于解释自然现象和社会现象。在人类社会里，人与人、种族和种族之间也存在着相互竞争，只有最适宜生存的才能生存下去。

严复把《天演论》的每一篇翻译完，常常加上按语，发表自己的意见。按语的长度往往和译文不相上下。《天演论》译成后，先在《国闻报》增刊《国闻汇编》的第二、四、五、六期上发表。1898年4月正式出版。《天演论》像洪亮的警钟，震醒沉睡的国人。

《天演论》发表时，正是帝国主义列强瓜分中国最疯狂的时候，列强们强占租借地、强夺筑路权，中国的锦绣河山即将被瓜分殆尽。每个爱国的中国人都发出了疑问：中国真的要亡国了吗，还是仍然可以发愤图强呢？《天演论》及时地回答了这一问题，

严复译注《天演论》

它告诉人们：中国真是危险，侵略中国的帝国主义无论力、智、德，在哪一方面，都比中国强。根据达尔文"优胜劣败"规律，中国确实将要灭亡。但《天演论》告诉人们，人的努力可以与天争胜，而且"终将胜天"。只要人治日新，国家就可以永存，种族就可以不堕。严复借翻译《天演论》的时机，大声疾呼："只要发奋变法图强，中国仍可得救，免于灭亡；而生死存亡，其命运仍然掌握在我们自己手里。"《天演论》成为爱国志士救亡图存的理论依据，"物竞天择，适者生存"成为当时的流行语。

精通西学第一人

1900年，八国联军侵入天津，严复倾注了20年心血的北洋水师学堂毁于炮火之中。这给了严复以极大的打击，他被迫离开天津迁居上海。

此后他把翻译工作作为自己的终身职业，他设想通过介绍西方资产阶级名著，使国人得到切合实际的"社会科学"，从中找到拯救中国的道路。从戊戌变法到辛亥革命的13年间，严复集中精力翻译了亚当·斯密的《原富》（即《国富论》），斯宾塞的《群学肄言》，约翰·穆勒的《群己权界论》《穆勒名学》，甄克思的《社会通诠》，孟德斯鸠的《法意》，耶方斯的《名学浅说》，合计170万字的资产阶级名著。

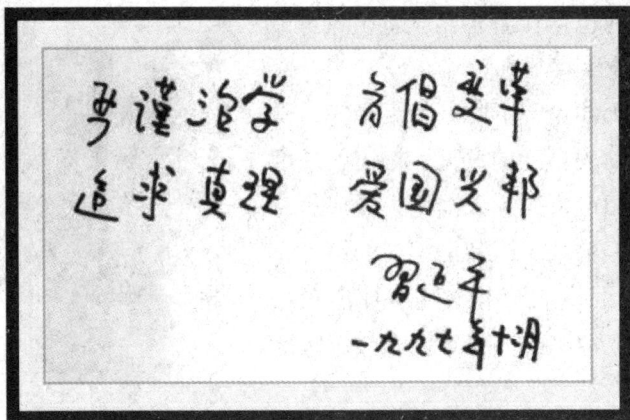

1997年，时任中共福建省委副书记的习近平为"严复与中国近代化学术研讨会"题词

严复是中国近代翻译史上学贯中西、具有划时代意义的翻译家，也是我国创立完整翻译标准的先驱者。严复吸收了中国古代佛经翻译思想的精髓，并结合自己的翻译实践经验，在《天演论》译例言里鲜明地提出了"信、达、雅"的翻译原则和标准。"信"（faithfulness）是指忠实准确地传达原文的内容；"达"（expressiveness）指译文通顺流畅；"雅"（elegance）可解释为译文有文采，文字典雅。这条著名的"三字经"对后世的翻译理论和实践的影响很大，20世纪的中国译者都深受这三个字的影响。

1920年，严复因哮喘病久治无效，回到福州养病。1921年10月27日与世长辞，终年69岁。

为
国
为
民

奋
斗
终
生

孙中山 ⊙

孙中山（1866—1925）名文，字德明，号日新，后改逸仙。广东香山翠亨村人。中国近代民主革命的先行者，中华民国和中国国民党创始人，三民主义的倡导者。首举彻底反封建的旗帜，"起共和而终帝制"。国民政府尊称他为"中华民国国父"。

革命救国，成立同盟会

当孙中山走上革命路途时，就把建立革命团体作为当务之急。还在1894年冬，他就在檀香山的侨胞中成立了兴中会。这个革命小团体虽然只是略具雏形，但已初步具备了资产阶级政党的基本属性。

孙中山成立兴中会的目的，就是要抵抗列强侵略、振兴中华，而具体的做法，就是要推翻腐败的清朝政府，成立共和国，把中国改造成一个现代国家。孙中山组织的兴中会，其主要成员是海外华人社会各阶层赞成革命的同志。当时，国内的士大夫，正在进行维新变法，希望国家政治得到改良。孙中山同他们讲武装起义推翻清王朝的道理，还很少有人愿意接受。

随着民族危机的深化和国内社会矛盾的激化，革命形势的发展已把建立全国性的、统一的革命政党提上议事日程。必须将分散的革命活动会合起来，并把参差不齐的斗争水平提到新的高度。许多革命党人亲身体验到这种时代的需要，深切理解这一历史的使命。他们采取了积极的态度，促使同盟会在1905年夏应运而生。

在组建同盟会的过程中，孙中山起了极为重要的作用。孙中山回顾了十年

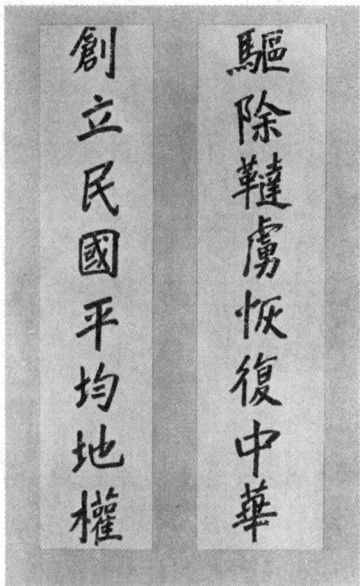

驱除鞑虏恢复中华

创立民国平均地权

孙中山手书同盟会纲领

来的战斗，确信"但从分道扬镳，终不如集中力量，事较易济"。经过了相当充分的酝酿，条件终于成熟。在孙中山和黄兴等人的倡导下，1905年8月于东京建立了以兴中会、华兴会和光复会为基础的中国同盟会。

当时，日本是中国留学生最多的地方，国内的革命者在起义失败或政治面貌暴露之后，也往往流亡日本。这里也就成了革命者和革命思潮汇聚和激荡的地方。1905年初，孙中山往来于伦敦、布鲁塞尔、巴黎、柏林之间，在旅欧留学生中发展革命组织。经过一系列的准备，8月20日，在日本东京赤坂区举行了中国同盟会正式成立大会，到会者有百余人。

同盟会的建立有力地推进了革命形势的发展。在短短的几年中，同盟会进行了大量的工作。其中，特别重要的是两个方面的活动：一是同保皇派开展了空前规模的论战，批驳了保皇谬论，广泛传播了民主革命思想；二是坚持武装反清斗争，发动了多次武装起义，为辛亥革命打下了必要的基础，提供了必需的条件。同盟会的组建成为革命新高潮的起点："从此，革命风潮一日千里，其进步之速，有出人意表者矣！"孙中山只是在这时才意识到胜利并非遥遥无期，确信："革命大业可及身成矣！"

辛亥革命，推翻帝制

同盟会成立后，孙中山加紧了组织起义的工作，自己往南洋一带发展革命组织，筹措革命经费，黄兴则深入两广地区，联络会党、军队。经过一年多的准备，1907年到1908年间，孙中山先后发动了黄冈之役、惠州七女湖之役、防城之役、镇南关之役、钦廉上思之役、河口之役。

当时，孙中山不仅遭到清政府通缉，而且遭到香港殖民当局以及日本的驱逐，被迫在国外到处流亡，已经很久无法践履国土，因而很难深入内地指挥革命。在中越边境的镇南关一役中，孙中山终于有机会踏上祖国的土地，登上镇南关的炮台，他异常兴奋，亲自发炮攻击敌军，第一次尝试了作为革命领袖投入战斗的滋味。

在上述的一系列战役中，黄兴多次深入内地，率领起义军浴血苦战，以少搏众，迭挫强敌。他的坚毅和勇敢，赢得了人们的高度尊敬，成为同盟会实际指挥起义的军事领袖。但黄兴最终以大局为重，放弃自己意见，顺从孙中山，继续团结奋斗，使孙中山成为中国革命民主派的旗帜。

1911年，武昌起义成功，全国各地热烈响应，一举推翻了腐朽的清王朝，赶跑了皇帝，结束了中国两千多年的封建专制，建立了中华民国，孙中山被17个省的代表推举为中华民国临时大总统。这一年是农历辛亥年，因此被称为辛亥革命。第二年元旦，孙中山到达南京，宣誓就职，组成中华民国临时政府。

辛亥革命时期宣传革命的《民报》

由于受到帝国主义、封建主义的强大压力及革命党本身的涣散无力，孙中山被迫在清帝退位后，于1912年2月13日辞去临时大总统职，让位于袁世凯，4月1日正式解职。此后一年多，孙中山积极宣传民生主义，号召实行平均地权，提倡兴办实业；还亲自担任了全国铁路督办，力图筹借外资修筑铁路干线。但因政权落在袁世凯手中，孙中山的努力并未取得成果。1912年8月，同盟会改组成国民党，孙中山被推举为理事长。1913年3月，袁世凯刺杀国民党代理理事长宋教仁，孙中山主张武力讨袁。7月发动二次革命，失败后再度出亡日本。1914年6月，孙中山在东京组织中华革命党，希望恢复和发扬同盟会的精神。袁世凯复

孙中山手迹

辟帝制失败，孙中山于1915年5月初回到国内，继续为捍卫共和制度而斗争。

1920年11月，孙中山在广州组织护法军政府，并于1921年5月就任非常大总统。就在他准备挥师北伐之际，新军阀陈炯明突然叛变，炮轰总统府。孙中山冲出叛军的包围，登上军舰，率领海军和部分陆军部队向叛军进击。孙中山自己所乘的永丰舰走在战斗的最前列。

叛军勾结帝国主义，得到援助，用鱼雷、大炮向孙中山的座舰猛攻。形势十分危急，根据各舰长会议的决定，孙中山只得暂时离开广东。临行前，孙中山对部下说："只要我呼吸一刻没有停止，依然要坚持革命，绝不放松。建立民主国家的责任在我们大家肩上，切不可轻易放弃，辜负了我们当初的志愿！"

孙中山回到上海，几千人冒着风雪到码头上迎接他。孙中山发表宣言，他严正地指出："凡是忠于民国的，就是我们的朋友；不忠于民国的就是我们的敌人。大义所在，定用全力来奋斗。不顾危难，不怕暴力，一定要完成中华民国的建设，使全国人民都蒙受福利！"

国共合作，拯救中国

一连串的失败和挫折，迫使孙中山思索：中国革命该走什么道路呢？

就在这时候，俄国十月革命的影响传入中国，让孙中山找到了中国共产党，开始了他一生中最光辉的新阶段。

1919年的五四新文化运动后，孙中山渐次认知，热爱祖国与矢志革命的结合，就是要将爱国主义思想与新民主主义革命结合起来。在这一"顿悟"的过程中，孙中山在爱国主义思想的驱动下，从中华民族的利益来考虑和选择自己该何去何从，痛下决心"适乎世界之潮流，合乎人群之需要"，坚定地与中国共产党联合，改组国民党，将国民革命的目标指向帝国主义及中国的南北军阀。

1923年初，孙中山发表了《中国国民党宣言》和《孙文越正宣言》，改组了国民党，并决定实行联俄、联共、扶助农工三大政策。他在驱走陈炯明后回到

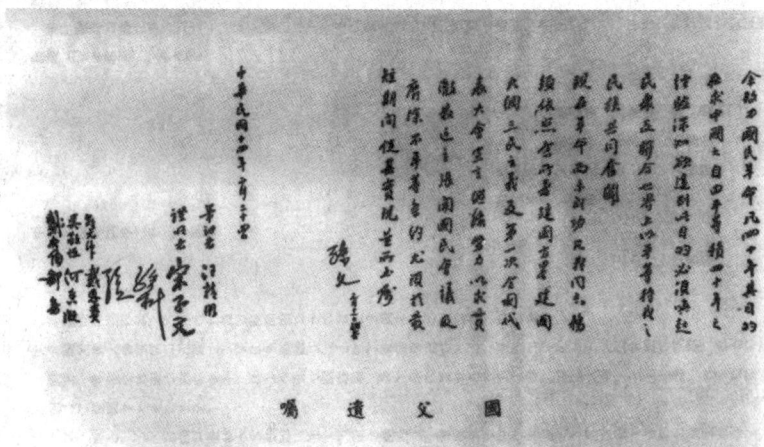

孙中山国事遗嘱

广州，重建大元帅府。他冲破重重阻力，坚持和国民党右派分子作斗争，终于在1924年1月召开了由孙中山亲自领导的有共产党人参加的国民党第一次全国代表大会。孙中山接受共产党的建议，对"三民主义"重新作了解释，旧三民主义从此发展为新三民主义。新三民主义包含联俄、联共、扶助农工三大政策和反对帝国主义、反对封建主义的纲领，是第一次国内革命战争时期共产党同国民党合作的政治基础。在国共合作的历程中，孙中山对于爱国、救国、建国以及革命的认知不断得到升华。他反复强调反帝反军阀的斗争与中国走向现代

越南高台教西宁圣殿中的"三圣"画像，从左至右分别为孙逸仙、雨果、阮秉谦

湖北武汉辛亥革命纪念馆孙中山雕像

化以及走向共和的关系。他掷地有声地说："今天我们要来救这个中国，要从哪一条路走呢？我们就是要从革命这条路去走，拿革命的主义来救中国！"孙中山是这样说的，更是这样做的。所谓"人在干，天在看"，历史证明，孙中山先生所奉行的"要做赤诚的爱国者，首先要成为坚定的革命者"鲜明理念，是中国近现代爱国主义的主要特征。几代爱国者正是践行这一信念，终于使古老的华夏成为人们向往的新中国。

孙中山为了一生所追求的理想——天下为公，常年奔波，日夜操劳，不幸患了肝癌。1925年3月12日凌晨3时，孙中山在北京逝世，终年59岁。临终前，他还念念不忘地微声呼喊："和平、奋斗、救国……"激励爱国的仁人志士继续奋斗！革命尚未成功，同志仍需努力！

孙中山致力于民主革命40年，为了实现自己的理想——拯救中国、振兴中华，耗尽了毕生的精力。"国父"孙中山为国为民奋斗终生的精神，值得我们永远铭记！

蔡元培 ⊖

开『学术』与『自由』之风

蔡元培（1868—1940），字鹤卿，又字仲申、民友、孑民，浙江绍兴人，被毛泽东誉为"学界泰斗，人世楷模"。著名的民主斗士和教育家，奠定了我国新式教育制度的基础，为我国教育、文化、科学事业的发展做出了富有开创性的贡献。

曾经腐败的北大

北大的前身是1898年建立的京师大学堂。京师大学堂，可以说是戊戌变法硕果仅存的产物，成立初衷是痛感国家实力孱弱，力图引进新学来振兴国势。然而，1916年时的北大，虽然已经改名为国立北京大学，其作为"皇家大学"的官僚气与衙门气依然浓厚。大多数学生仍继承前清老爷作风，上课铃响时，当差便来"请老爷上课"。一些有钱的学生，打麻将、吃花酒、捧名角，一心只想混张毕业文凭，作为升官发财的敲门砖，对读书毫无兴趣。即使有个别肯读书的，也不过抱着科举时代的观念，把读书当作求取功名利禄的手段，对学术研究概不与闻。至于那些被称为"中堂"或"大人"的学监及教员，不学无术者、滥竽充数者、混饭度日者，比比皆是。学校制度混乱，学术空气稀薄，犹如一座衙门。

陶希圣先生对那时的北大曾有这样的回忆："民国初年，贵族子弟仍然不少，文科那边有一个学生坐自用人力车（洋车）来上课……两院一堂是受八大胡

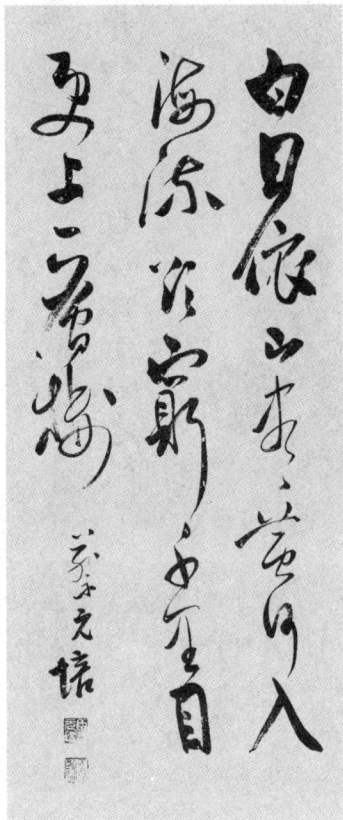

蔡元培手书唐诗

同（当时的妓院集中地）欢迎的重要顾客。两院是国会的参众两院，一堂就是北京大学——京师大学堂。"

北大的这种腐败名声，蔡元培早有所闻，朋友们也劝他不要去，担心他"进去了，若不能整顿，反于自己的名声有碍"，然而蔡元培内心里已经下定决心。他曾说："我国输入欧化，六十年矣。始而造兵，继而练军，继而变法，最后乃始知教育之必要。"实际上，"教育救国"的理念，是蔡元培自戊戌变法失败后一直坚定不移的信念。

执掌北大：不拘一格纳贤才

1916年12月26日，蔡元培接受了北洋政府大总统黎元洪的北大校长委任状。1917年1月4日，蔡元培赴北大上任。

蔡元培深知，要振兴一所大学，仅靠思想与制度是远远不够的，必须注重人本，师资才是最关键的要素。为此，他求贤若渴，不拘一格。他听说《新青年》主笔陈独秀颇有思想和才干，笔锋犀利，在翻阅了十几本《新青年》后，就决定聘请陈独秀来北大执教。他被任命为北大校长的当日，就到西河沿中西旅馆访问陈独秀，但是起初陈独秀并不领情。他去陈的住处拜访陈时，因陈独秀习惯晚睡晚起，他就耐心地坐在门口的一只小板凳上，等待着年龄小他一轮的陈独秀醒来。他的诚意和胸怀最终说服了陈独秀，并决定将在上海办的杂志《新青年》搬到北京来办。陈独秀回忆说："蔡先生约我到北大，帮助他整顿学校。我对蔡先生约定，我从来没有在大学教过书，又没有什么学位头衔，能否胜任，不得而知。我试干三个月，如胜任即继续干下去，如不胜任即回沪。"考虑到出任文科学长需要一定资历方能通过，蔡元培甚至为陈杜撰了履历，使他顺利地到北大任教。某种意义上说，这才有了后来以北京为中心的轰轰烈烈的新文化运动和五四运动。

在蔡元培引进了陈独秀后，又引进了胡适进北大当教师。胡适当时不过是个连博士学位都没拿到的毛头小伙。正如胡适自己所言："设若不是蔡先生，我胡

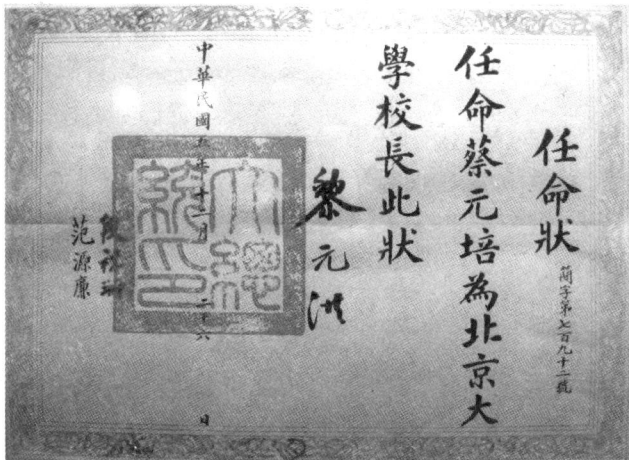

蔡元培的北大校长任命状

某人还真不知道在哪家三流小报做编辑！"

被蔡元培聘入北京大学的，还有中国最早的马克思主义传播者李大钊，任图书馆主任一职。

梁漱溟之进入北大，更能体现蔡元培的用人特色。梁漱溟投考北大未被录取，他在《东方杂志》发表了一篇讲佛教哲学的文章《究元决疑论》，文章以近世西洋学说阐述印度佛家理论，很快便引起蔡元培的关注。1917年，蔡元培破格请梁漱溟来北大任教，讲印度哲学。这一年，梁漱溟年仅24岁。后来，梁漱溟在北大这个舞台上尽情施展，终成了举世闻名的大哲学家。

梁漱溟欲当北大学生而不得，却一下子就成了北大的教师。如此用人之气量与魄力，除蔡元培外，难有第二人。

这种不拘一格用贤才的举措，终使北大名家云集，鼎盛一时。据北京大学1918年年初的统计，全校教员217人中有90位教授，平均年龄仅30余岁，其中陈独秀39岁，梁漱溟24岁，徐家璜25岁，朱家骅26岁，李大钊、刘文典、胡适28岁，这在当今的大学中是无法想象的。这样年轻而富于活力的教师队伍，一扫北大过去的陈腐之气，使北大成为鲁迅所说的"常为新的改进的运动的先锋"。

"兼容并包"，鼓励思想争鸣

蔡元培执掌北大之后，强调自己的治校方针是："依世界各大学通例，循

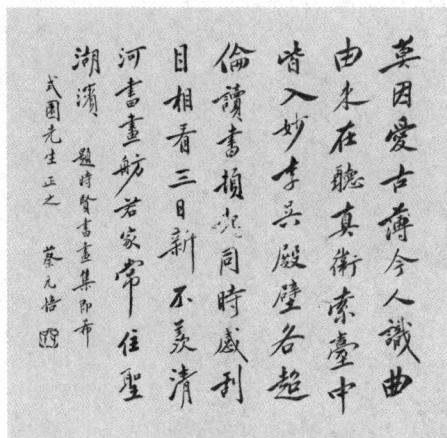

蔡元培手迹

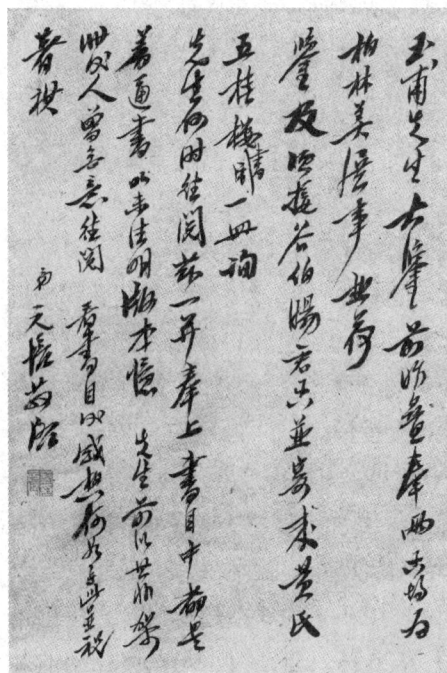

蔡元培信札

思想自由原则，取兼容并包主义。"他坚决贯彻"思想自由，兼容并包"的办学方针，提倡学术民主，教学自由，使每一朵花儿都能在此尽情绽放。

那时北大不但聘请"左派"和激进派人士李大钊、陈独秀当教授，请西装革履的章士钊、胡适当教授，还聘身穿马褂、拖着一条长辫的复辟派人物辜鸿铭来教英国文学，喜谈怪论的国学家黄侃，甚至连赞助袁世凯称帝和筹安会发起人之一的刘师培，也登上了北大教坛。特别是"性博士"张竞生，被封建卫道士辱骂为"四大文妖"之一，也被蔡元培延揽来北大讲"美的人生观"，在校外出版《性史》，竭力提倡"情人制""外婚制"和"新女性中心论"。在半封闭半蒙昧的中国，张竞生的言论绝对算得上耸人听闻，惊世骇俗。

大学的灵魂是"兼容并包"。蔡元培执掌北大的时代，真正实现了"和而不同"。杨振声回忆说："可能有一些学生正埋头阅读《文选》中李善那些字体极小的评注，而窗外另一些学生却在大声地朗读拜伦的诗歌。在房间的某个角落，一些学生可能会因古典桐城学派的优美散文而不住点头称道，而在另一个角落，其他几个学生则可能正讨论娜拉离家后会怎样生活。"这种不同的生活方式和思想风格在同一个地方交错重叠的现象，在北大的历史上，甚至在中国的历史上都是空前绝后的。

为了进一步把自己"思想自由，兼容并包"的办学方针落实到实处，蔡元培还采取了一系列的有力措施。例如，在他的提倡下，学校成立了"少年中国学会"等各种学会，"新潮社"等各种社团，"马克思主义研究会""新闻研究会""书法研究会""画法研究会"等各种研究会，还有"静坐会"等体育组织。蔡元培先生还亲自主持成立了"进德会"，师生都可入会，条件是不嫖、不赌、不娶妾。学校还经常开音乐会，办体育运动会，允许成立学生自治会。凡此种种，逐渐地把学生的注意力引导到研究学问、研究大事上来了，使师生的言行都空前活跃。学生们打麻将、吃花酒的越来越少，研究学问和关心国家前途命运的越来越多，北大很快成了真正的一流学府，执全国高校之牛耳。

身体力行，以身垂范

蔡元培自己也身体力行"思想自由，兼容并包"的方针，以身垂范。

1917年，蔡元培出版了《石头记索隐》一书，提出《红楼梦》是一部"政治小说"的概念，并指出："作者持民族主义甚挚。书中本事，在吊明亡，揭清之失，而尤于汉族名士仕清者，寓痛惜之意。"由于恰逢五四时期，人们"反对满清"的情怀甚重，因此这本书在当时得到了广泛传播。

这种提法很快引起研究红学者的质疑，尤其遭到了胡适的强烈反对。1921年，胡适发表《红楼梦考证》，矛头直指蔡元培。他毫不客气地指出这种索隐是牵强附会的"大笨伯猜笨谜"的方法，认为校长和他的亲友团走错了路。推翻索隐派，成了胡适研究红学的目的之一。胡适为了推翻蔡元培的观点，到处寻找录有曹雪芹身世的《四松堂集》这本书。就在他求而不得、心灰意冷、近乎绝望的

绍兴蔡元培故居

北京大学校园内的蔡元培雕像

时候，蔡元培却托朋友为他借到了此书。胡适根据书中的史料记载，更加充分地证明了自己关于《红楼梦》是"曹雪芹自述"的说法。

蔡元培的举动无异于给敌人送弹药，此等雅量，几人能有？

在蔡元培的影响与治理下，北大容纳了各派的学说和思想。特别是教师们对于学术争论的态度，都颇具大师风范。如辜鸿铭对胡适很不买账，认为胡适治哲学史，既不懂德文，又不懂拉丁文，简直是画虎成猫，误人子弟。黄侃也瞧不起洋味十足的胡适，但他对章氏旧同门诋毁更多，骂他们曲学阿世。于是众人暗地里戏称蔡元培为"世"，往校长室去竟谑之为"阿世去"。黄侃上课，骂师弟钱玄同有辱师门，骂得相当刺耳，两人教室毗邻，字字句句都听得清清楚楚，学生不免偷笑，而钱玄同若无其事。

蔡元培用以身垂范完美演绎了"兼容并包"的精神实质。著名的教育家杜威（John Dewey，1859—1952）就这样说："把全世界各国大学校长比较一下，牛津、剑桥、巴黎、哈佛、哥伦比亚等大学的校长之中，他们有的在某一学科确有成就，但是以一个校长的身份而能领导那个大学，并对那个民族、一个时代起到转折作用的，除了蔡元培，恐怕还找不出第二个。"

梁启超（1873—1929），字卓如、任甫，号任公，别号饮冰室主人，广东省新会县人。中国近代思想家、政治家、教育家、史学家、文学家。提倡变法，参与"百日维新"。辛亥革命前，他以"中国之新民"为笔名，连续发表20多篇政论文，呼吁中国人民要从帝国时代的臣民，转化为现代国家的国民，成为国民觉醒的启蒙者。辛亥革命后，参与反对袁世凯称帝的斗争。晚年以著述讲学为务，被誉为"百科全书人物"。

与康有为齐名的维新巨子

梁启超出身于书香世家。"八岁学为文，九岁能缀千言"，17岁中举。师从康有为，成为资产阶级改良运动的宣传家。戊戌变法前，与康有为一起联合各省举人发动"公车上书"运动，此后先后领导北京和上海的强学会，担任强学会书记。他是康有为创办的《中外纪闻》《强学报》主要撰稿人，与黄遵宪一起创办《时务报》，担任《时务报》总编辑。梁启超凭借卓尔不群的才华和一支生花妙笔撰写了《变法通议》《论军政民政相嬗之理》等大量抨击清王朝腐朽统治和呼吁维新变法的精彩文章。这些文章对维新运动起了巨大的推动作用。从此，梁启超声名鹊起，成为与康有为齐名的维新人物。

1897年，梁启超应邀担任长沙时务学堂的总教习。通过教学活动他大力宣

梁启超手书扇面

传变法理论，广泛介绍西学，抨击清王朝专制统治，为维新事业培养了重要人才，使该校成为当时最负盛名的学校。蔡锷、唐才常、林圭等均出自该校。为使维新事业顺利发展，他千方百计结交权贵，争取当权派的支持与襄助。在康有为、梁启超等人的组织、推动下，全国出现蓬勃的变法维新局面，社会风气亦有所改变。

1898年6月11日，光绪帝宣布"明定国是"诏书，表示变法决心。变法期间梁启超非常活跃，除协助康有为策划各种改革措施外，受到光绪帝召见，被授予六品官位，负责办理大学堂和译书局工作。同年9月21日，慈禧太后发动政变推翻新政，"百日维新"失败。梁启超与康有为一起流亡日本，继续探索救国救民的道路。

"中国之新民"的呼唤者

在日期间，他先后创办《清议报》《新民丛报》，撰写专著以及100多篇文章，大力倡导民权，揭露帝国主义阴谋，抨击清政府的卖国政策，批判封建专制及其意识形态，广泛传播西方政治、经济、思想、哲学、宗教，还撰写了许多西方著名人物的传记。这些知识打开了人们的视野，激起人们强烈的救国热情。从1902年到1906年，梁启超用"中国之新民"的笔名，连续在《新民丛报》发表20多篇论述"中国之新民"的政论文章，形成他的"新民说"。他撰写的《新民说》，以"培育中华新公民"为宗旨，主张吸收西方文明以更新传统，期望唤起中国人民的自觉，要从帝国时代皇帝的臣民，转化为现代国家的国民，并讲述现代国民所应有的条件和准则，在20世纪的中国起到了启蒙的作用。

梁启超的这种"改造国民性"的思想主张对早期资产阶级革命党人产生了重大影响。梁启超赢得"舆论之骄子，天纵之文豪"的声望。

1903年，中国转入以资产阶级革命为主流的时代。梁启超仍坚持改良主义的政治主张，反对革命，连篇累牍地发表文章，全身心投入立宪运动中。但清政府的假立宪令他大失所望。辛亥革命后，他应袁世凯之约回到北京，仍坚持改良主义道路的主张，改造中国。他在混

梁启超的《新民说》

乱的政治环境下纵横捭阖，成为新组建的进步党领袖。在国会中支持袁世凯，反对国民党。"不惜以今日之我与昨日之我战"为人生座右铭的梁启超始终能够与时俱进。当发现袁世凯有企图复辟帝制的野心时，他公开与袁决裂，挥笔写下了《异哉所谓国体问题》，不遗余力抨击袁世凯的倒行逆施。袁世凯得知消息，曾准备拿出20万元高价收买他，遭到他的拒绝。他站在时代的前列，成为反对袁世凯复辟窃国的领袖。1917年张勋复辟，梁启超不顾亲友反对，不顾恩师康有为是复辟的谋主，毅然站在反复辟一方，并痛斥康有为，与康有为分道扬镳。

百科全书式人物

梁启超被公认为是中国历史上一位百科全书式的人物，也是一位在退出政治舞台后少有的仍能在学术研究上取得巨大成就的人物。

梁启超学术研究领域涉猎广泛，在哲学、文学、史学、经学、法学、伦理学、宗教学等领域均有建树，以史学研究成绩最显著。

梁启超一生勤奋，著述宏富，在将近36年而且政治活动又占去大量时间的情

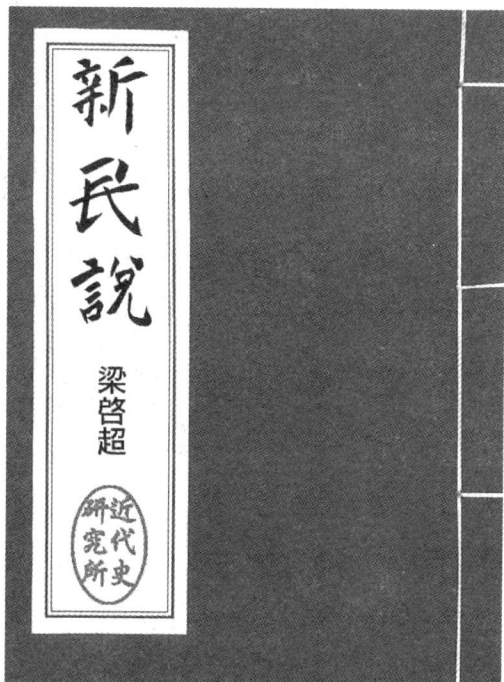

梁启超著作

况下，每年平均写作达39万字之多，各种著述达1400多万字。他有多种作品集行世，以1936年9月11日出版的《饮冰室合集》为代表。《饮冰室合集》计148卷，1000余万字。

他先后撰写了《中国史叙论》和《新史学》，批判封建史学，发动"史学革命"。欧游归来之后，他以主要精力从事文化教育和学术研究活动，重点研究了先秦诸子、清代学术、史学和佛学。他应邀担任清华国学研究院导师，指导"诸子""中国佛学史""宋元明学术史""清代学术史""中国文学""中国哲学史""中国史""史学研究法""儒家哲学""东西交流史"等课程。这期间著有《清代学术概论》《墨子学案》《中国历史研究法》《中国近三百年学术史》《情圣杜甫》《屈原研究》《先秦政治思想史》《中国文化史》《变法通议》等。

梁启超在文学理论上引进了西方文化及文学新观念，首倡近代各种文体的革新。文学创作上亦有多方面成就：散文、诗歌、小说、戏曲及翻译文学方面均有作品行世，尤以散文影响最大。

梁启超的文章风格，世称"新文体"。这种带有"策士文学"风格的"新文体"，介于古文和白话文之间，学者和普通百姓都乐于接受，成为五四以前最受欢迎、模仿者最多的文体，而且至今仍然值得学习和研究。

新文体以梁启超于1896年的《时务报》到1906年的《新民丛报》十年内发表的一组散文为标志，是资产阶级改良派在散文领域的创举。与前人相比，梁启

位于北京植物园的梁启超墓

超的散文在内容与形式上都进行了重大突破。他的散文或揭露批判黑暗丑恶的现实，或为祖国的现状忧心忡忡，或引进西方先进的思想与科技，积极呼吁变法自强，成为其变法的宣传工具。

他的散文在形式上，议论纵横、气势磅礴，笔端常带感情，极富鼓动性，"对于读者，别具一种魔力"；语言半文半白，"务为平易畅达，时杂以俚语、韵语及外国语法，纵笔所至不拘束"。代表作《少年中国说》，针对中国现状，分析透彻，条理清楚，运用一连串比喻、排比等修辞手法，行文一泻千里，文章呈现出大气磅礴的风格。梁启超写于1905年的《俄罗斯革命之影响》，文章以简短急促的文字开篇，如山石崩裂，似岩浆喷涌："电灯灭，瓦斯竭，船坞停，铁矿彻，电线斫，铁道掘，军厂焚，报馆歇，匕首现，炸弹裂，君后逃，辇毂塞，警察骚，兵士集，日无光，野盈血，飞电刿目，全球挢舌，于戏，俄罗斯革命！于戏，全地球唯一之专制国遂不免于大革命！"然后，以"革命之原因""革命之动机及其方针""革命之前途""革命之影响"为题分而析之，丝丝入扣。胡适称："梁先生的文章……使读者不能不跟着他走，不能不跟着他想！"

梁启超散文的影响极大，"每一文出，则全国之身目为之一耸"。以梁启超散文为代表的新文体是对桐城派以来散文的一次解放，它的出现为中国古典散文向现代散文，尤其是五四时期白话文的转化做了必要的准备。

　　同时，梁启超还是中国第一个在文章中使用"中华民族"一词的人。他还从日文汉字中吸收了很多新词，如"政治、经济、科技、组织、干部"等很多词汇，都始于梁启超。

　　他是近代文学革命运动的理论倡导者。从戊戌变法前一两年开始，梁启超与夏曾佑、谭嗣同等提出"诗界革命"口号。梁启超在《饮冰室合集》《夏威夷游记》中继续推广"诗界革命"，批判了以往那种诗中运用新名词以表新意的做法，提出"以旧风格含新意境"的进步诗歌理论，对中国近代诗歌的发展起了指导作用。在他的理论影响下，出现了黄遵宪等一大批新派诗人。

　　梁启超在自己的诗歌创作中也努力实践新的诗歌理论。他的诗作留存不多，多数创作于流亡日本时期，但是用语通俗自由，敢于运用新思想、新知识入诗，诗风流畅。《爱国歌四章》《志未酬》等诗感情真挚，语言明白晓畅，是其诗论的较好体现。梁启超于提出"诗界革命"口号后又提出"小说界革命"的口号，并在创作上进行了积极的有意义的尝试。在书法艺术方面，梁启超同样造诣深厚。

广东江门市新会区的梁启超故居

文化启蒙，民主先驱

陈独秀（1879—1942），原名庆同，字仲甫，号实庵，安徽省安庆人。思想家、政治家、语言学家，中国共产党的主要创建者之一及首任总书记。新文化运动的主要倡导者之一，创办了著名白话文刊物《新青年》，成为五四运动的精神领袖。

新文化运动的领导者

陈独秀两岁丧父，由祖父、长兄供养。自幼跟随母亲查氏，其母虽尊崇封建礼教但为人正直善良，对陈独秀有很大的影响。陈独秀17岁中秀才，18岁参加乡试未中。正是这次乡试让他深感科举制度的腐朽与黑暗，思想上偏向维新派，这也就决定了他今后十几年的行动。

陈独秀在科考以后专心学习时政，思想上有所建树。八国联军攻占北京，沙俄抢占东北，帝国主义的残暴与清政府的无能，使他的思想愈趋激进。陈独秀又多次东渡日本，其间在国内国外组织了数次爱国运动，创办报刊组织爱国团体。

他创办安徽爱国会，发表演讲，抨击时政。创办《安徽俗话报》，传播爱国民主思想和科学知识，内容涉及习俗、地理及当时局势，对安徽民众的思想启蒙起了重要作用。《安徽俗话报》的创办，为10年后《新青年》的创办提供了条件。陈独秀又和章士钊等人出版《国民日日报》，宣传革命思想；1905年在安徽组织秘密的反清军事团体"岳王会"，为同盟会在安徽的发展打下了基础。在辛亥革命期间，陈独秀革命热情高涨，起草了多篇富有战斗性的革命檄文。

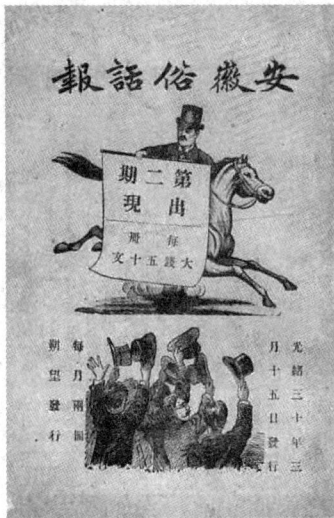

陈独秀创办的《安徽俗话报》

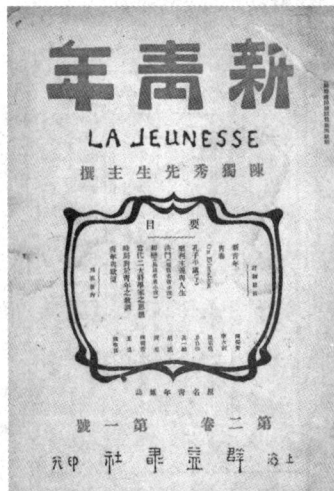

《新青年》

"二次革命"失败以后，袁世凯极力加强反动统治，在文化思想领域出现了尊孔复古的逆流，"民主"二字岌岌可危。在这样严峻的形势下，陈独秀于1915年创办了《新青年》，大力提倡民主与科学，猛烈抨击旧思想、旧文化、旧道德、旧礼教以及北洋军阀政府，以资产阶级民主主义和进化论为思想武器，向封建主义及其意识形态开战，吹响了新文化运动的号角，影响了一代青年。

他在发表的《敬告青年》一文中，开宗明义打出民主和科学的旗帜，宣传倡导"德先生"（指"民主"Democracy）和"赛先生"（指"科学"Science），并向青年提出六条希望：一、自主而非奴隶的；二、进步而非保守的；三、进取而非退隐的；四、世界的而非锁国的；五、实利的而非虚文的；六、科学的而非想象的。

初期，他宣传的民主思想，主要是西方资产阶级的人权说。他主张民主，在于维护共和，反对封建专制制度。他还强调了广大人民群众的觉醒的重要性，指出"使吾国党派运动进而为国民运动"，把启发提高人民觉悟当作维护共和反对专制的前提条件。他认为伦理的觉悟比政治的觉悟更能触及封建统治的根本。陈独秀以战斗的姿态，对长期奴役中国人民思想的封建伦理道德"三纲五常"进行了猛烈的抨击。

1917年1月13日，陈独秀正式就任北京大学文科学长，《新青年》阵地也随之迁到北京。陈独秀在1917年二月号的《新青年》杂志2卷6号发表《文学革命论》，认为中国社会黑暗的根源是"盘踞吾人精神界根深底固之伦理、道德、文学、艺术诸端"，单独的政治革命不能生效，"充分以鲜血洗净旧污"，需要先进行伦理道德革命，于是提出"三大主义"："推倒雕琢的阿谀的贵族文学，建设平易的抒情的国民文学；推倒陈腐的铺张的古典文学，建设新鲜的立诚的写实文学；推倒迂晦的艰涩的山林文学，建设明了的通俗的社会文学。"他主张改文言文为白话文，文章内容也要趋向实际。

他和蔡元培积极推动北京大学的改革，1918年12月22日与李大钊、胡适创办了《每周评论》。至此，新文化运动已经同现实政治斗争密切结合起来了，陈独秀最后彻底否定了他不批评时政的错误主张。

新文化运动是陈独秀领导的对思想意识文化领域的革命，是中国革命的一次伟大的跃进，使中国从根本上开始觉醒。这是陈独秀最引人赞叹的历史功绩。陈独秀成为新文化运动重要的组织者和领导者之一。

中国共产党最主要的创始人

1919年中国政府在巴黎和会上的失败，使陈独秀对帝国主义及军阀的幻想彻底破灭，对俄国十月革命和布尔什维克的认识逐渐加深。五四运动爆发，陈独秀积极支持学生的革命行动，亲自撰写和散发《北京市民宣言》传单，利用报刊对民众进行宣传鼓动，向政府施压。经过五四运动的洗礼，马克思主义和社会主义思想在中国广泛传播，陈独秀的思想也发生了转变，逐渐开始接受马克思主义，并成为马克思主义者，全身心投入宣传马克思主义和与反对马克思主义流派的斗争中。

1920年6月，在共产国际帮助下，陈独秀在上海发起成立马克思主义研究会，成立中国第一个共产主义小组。为了扩大马克思主义的宣传，陈独秀主持制定了《中国共产党宣言》，创办《劳动界》周刊，向工人灌输马克思主义，促进其与工人的结合，建立社会主义青年团。在此期间，他还联络全国各地共产主义小组，筹建中国共产党。1921年7月23日至31日，中国共产党第一次全国代表大会在上海举行，陈独秀派陈公博、包惠僧出席，带去他的信件和四点意见："一、培植党员；二、民权主义之指导；三、纪律；四、群众路线。"在会议上，陈独秀在缺席的情况下，被选为中央局书记，成为中共中央主要领导人。

中共一大后，陈独秀贯彻一大的决议，积极开展工人运动，起草了《中国共产党革命纲领》，领导党的发展。后来他相继被选为中共

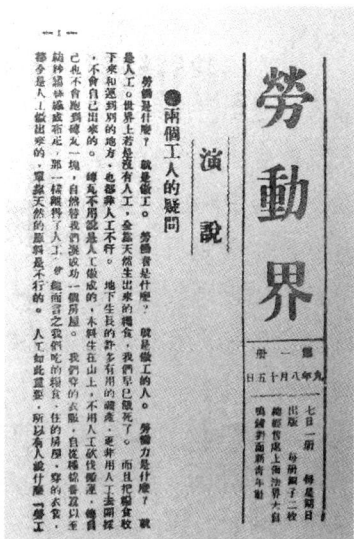

陈独秀创办的《劳动界》

陈独秀手书扇面

第二届、第三届中央执行委员会委员长，在中共四大和五大上当选为中央委员会总书记。他还帮助孙中山改组国民党，先后领导了五卅运动、上海工人三次武装起义等工作。

陈独秀作为党的领导人，为中国共产党的创建和发展、为推进中国革命的历史进程起了至关重要的作用。

1938年，陈独秀被王明、康生诬陷为日本间谍，晚年流落四川，1942年病逝于江津。

思想和贡献，影响深远

陈独秀是新文化运动的发起者，是20世纪中国第一次思想解放运动的倡导者。他在中国历史上第一个举起了民主、科学两面大旗，对于中国近现代历史的发展产生了巨大的影响，至今还在影响着中国历史的进程。他创办的《新青年》杂志，是中国近现代历史上影响最大的刊物，教育、引导了整整一代人。

陈独秀是五四运动的"总司令"，是五四运动的思想指导者。五四运动能够在中国近现代历史上发生那么大的影响，与他的活动、指导、影响是分不开的。在高度评价五四运动历史功绩的同时，不能忘记陈独秀在其中的巨大历史功劳。

陈独秀是马克思主义的积极传播者。他传播马克思主义虽然没有李大钊早，但他创办的《新青年》杂志是当时传播马克思主义的主要阵地，其重要作用是任何别的报刊不能替代的。

陈独秀是中国共产党最主要的创始人。陈独秀是中国共产党创始人之一的

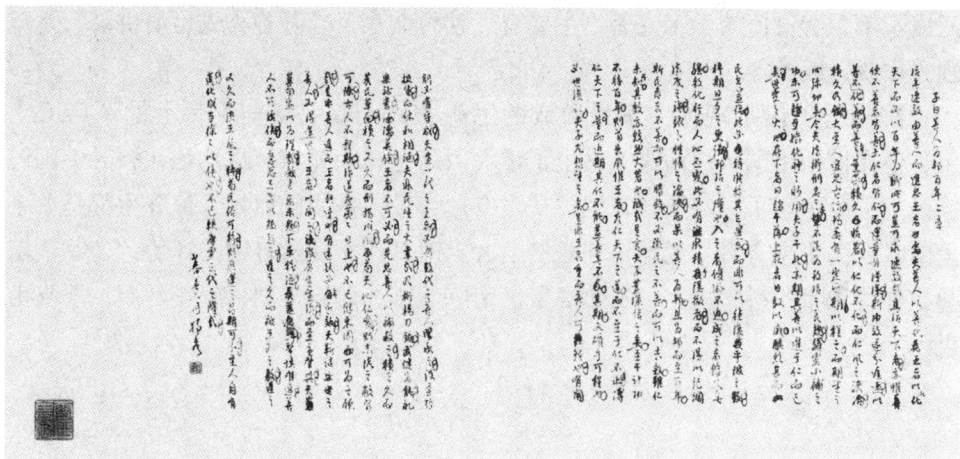

陈独秀书札

说法不准确。如果没有陈独秀，就没有中国共产党在1921年的成立。同时，陈独秀还是中国共产党第一代领导集体的最主要的领导人。仅仅这一条，他就可以名垂千古，光照千秋。

陈独秀是中国近现代历史上第一个深刻总结、反思苏联和社会主义民主政治建设经验教训的人。

另外，陈独秀精通日、英、法三国文字，工诗善书，旧学根基深厚。他才思敏捷、笔锋犀利、长于政论文，对音韵学、文字学造诣尤深，"是我国语言学史上杰出的语言学家"。他潜心研究中国古代语言文字、孔子、道家学说等，

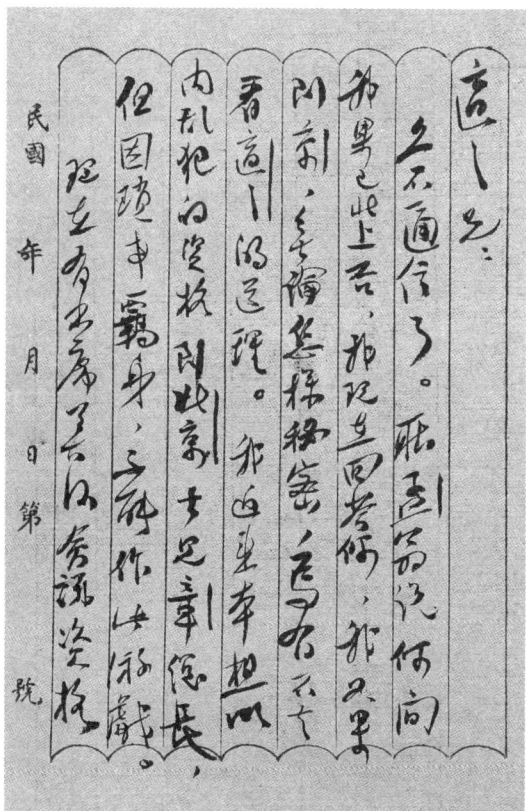

陈独秀致胡适书札

完成了不少有价值的学术论著，主要有《独秀文存》《陈独秀先生演讲录》《陈独秀文章选编》等。

陈独秀不仅是现代中国最勇敢的思想家，而且是历史上伟大的革命家之一。他在推动中国历史前进上做出了重大贡献，功绩显赫。虽然他在领导中国民族民主革命中犯了一些错误，但他从没有抛弃爱国民主的旗帜，他终生都是一个爱国者、民主主义者。毛泽东在党的七大上对其作了功过分明的评价："一代宗师，仲甫先生；科学民主，二旗高擎。南陈北李，建党丰功；晚年颓唐，浩叹由衷。"

李大钊 ◉

中国共产主义运动先驱

李大钊（1889—1927），字守常，河北乐亭人。中国共产主义的先驱，伟大的马克思主义者、杰出的无产阶级革命家、中国共产党的主要创始人之一。他学识渊博、勇于开拓，在中国共产主义运动和民族解放事业中，占有崇高的历史地位。

立志"再造中华"

李大钊出身于书香世家，自幼父母双亡，由祖父抚养成人。战乱动荡的年代，艰辛备尝的生活，使李大钊从小养成了忧国忧民的情怀和沉稳坚强的性格。青年时代，面对多灾多难的祖国，李大钊表现出忧国忧民的赤子之心。1907年，他考入天津北洋政法专门学校，受老师、辛亥革命烈士白雅雨影响，"目睹在帝国主义侵略下的国家危亡局势和社会黑暗状况，激发了爱国热忱，立志要为苦难的中国寻求出路"。辛亥革命后，面对封建军阀篡夺政权、新生的共和国有名无实的现状，他不得不发出自己的"隐忧"和"大哀"。他忧国之所忧，哀民之所哀，下定决心为挽救"神州陆沉""再造中华"而努力奋斗。

1913年，李大钊东渡日本，入早稻田大学政治科学习。1915年，日本提出灭亡中国的"二十一条"，李大钊积极参加留日学生的抗议斗争。他起草的通电《警告全国父老书》传遍全国，他发出的"中国人民用卧薪尝胆的精神进行抗争"的呐喊，对推动全国的反日爱国运动发挥了积极作用，也因此成为著名爱国志士。他因参加反日斗争而被当时就读的学校除名，但他毫不后悔。他认为，同国家和民族的前途相比，自己的学业微不足道。他始终把自己的学识与拯救国家和民族的命运紧紧联系在一起。正是强烈的爱国之心和对社会、对人民的高度责任感，促使李大钊奋不顾身、英勇战斗。他身上体现出的时刻牵挂国家兴亡、时刻不忘人民疾苦并为之奋斗的精神和风范，永远值得我们敬仰和提倡。

1916年，李大钊怀着在《青春》一文中号召青年"冲决历史之桎梏，涤荡历史之积秽，新造民族之生命，挽回民族之青春"的激情，为创造一个新的"青春之中华"事业，启程回国。他应汤化龙、孙洪伊的邀请，到北京担任《晨钟报》总编辑。他在报纸上连续撰写10多篇文章，揭露军阀官僚政客的罪恶行径，引起掌握该报实权的政客们的不满。为坚持真理，他毅然辞职。他受邀担任《宪法公言》撰稿人，1917年1月受聘担任章士钊创办的《甲寅》日刊编辑。在该刊上，李大钊撰写了《孔子与宪法》《自然的伦理观与孔子》等多篇反对军阀统治和封建文化的文章，积极抨击以孔子为偶像的旧礼教、旧道德，向当时抬出孔子来维护自己统治的反动势力展开猛烈的斗争。

1918年，经章士钊推荐，李大钊到北京大学任图书馆主任兼经济学教授，积极投身正在兴起的新文化运动，成为新文化运动的一员主将，并参加由陈独秀主办、成为新文化运动旗帜的《新青年》杂志编辑部的工作。这年年底，与陈独秀等创办《每周评论》，并于次年主编《晨钟》副刊。

从1918年到1919年，李大钊积极参加和支持爱国运动和新文化运动。许多爱国团体和新文化运动团体邀请他担任指导或顾问。他参与发起成立少年中国学会等进步社会团体，协助北大学生的国民社、新潮社创办《国民》《新潮》等刊物。

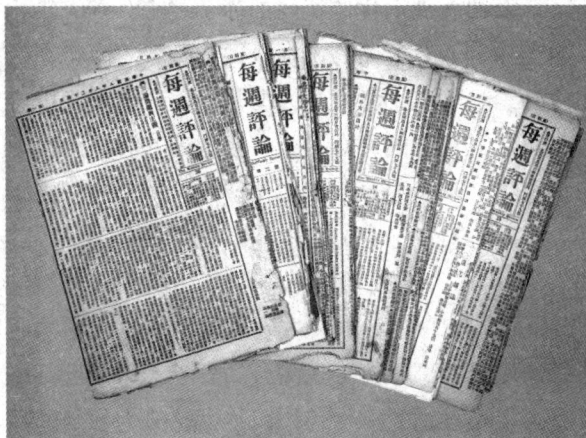

李大钊与陈独秀联合创办的《每周评论》

1919年，五四运动爆发，李大钊是运动的领导者之一，在运动中，他始终站在斗争的最前列。他积极撰文鼓励青年们投入这场斗争，并指导进步团体在运动中起骨干作用。他在《每周评论》上发表文章，抨击帝国主义和北洋军阀卖国独裁的反动统治，指导运动向前发展。蔡元培被迫辞职时，他带领教职工奔走呼号，挽留蔡校长。他冒着被捕的危险，散发他与陈独秀合写的《北京市民宣言》传单，陈独秀被捕后，他积极参加营救工作。

马克思主义传播者，共产党的创始人

俄国十月革命的胜利使李大钊受到极大的鼓舞和启发。他逐步明确地站到马克思主义的立场上来，成为中国最早的马克思主义者和社会主义者。从1917年到1919年，他发表了许多热情宣传俄国革命和马克思主义的文章。如《法俄革命之比较观》，明确指出十月革命是社会主义革命，是推动世界革命的伟大力量。他发表的演说《庶民的胜利》和论文《布尔什维克的胜利》指出胜利是劳工者的胜利、普通平民的胜利，是资本主义的失败。他宣告："试看将来的环球，必是赤旗世界！"他为《每周评论》撰写的1919年元旦社论《新纪元》，热情讴歌十月革命开辟了人类社会的新纪元，号召世界劳工阶级联合起来，打破国界，打倒全世界资本的阶级。《我的马克思主义观》系统介绍了马克思主义及其三个组成部分。与此同时，他与反马克思主义的思潮作坚决的斗争，与资产阶级改良派胡适展开"问题与主义"的论战，在思想界引起广泛强烈的反响。

李大钊发表的《庶民的胜利》

他在担任北大教授期间，开设了"史学思想史""史学要论""社会主义与社会运动""女权运动史"等课程，通过讲坛向学生宣传革命思想，点燃革命火种。

随着五四运动的发展，马克思主义的影响日益扩大。1920年3月，李大钊在北京先后发起组织马克思学说研究会和共产主义小组。许多青年在他的影响下接受了马克思主义，其中有些成为中国共产党早期著名的活动家，如邓中夏、高君宇等。毛泽东和周恩来也都受过他的

李大钊的《布尔什维克的胜利》

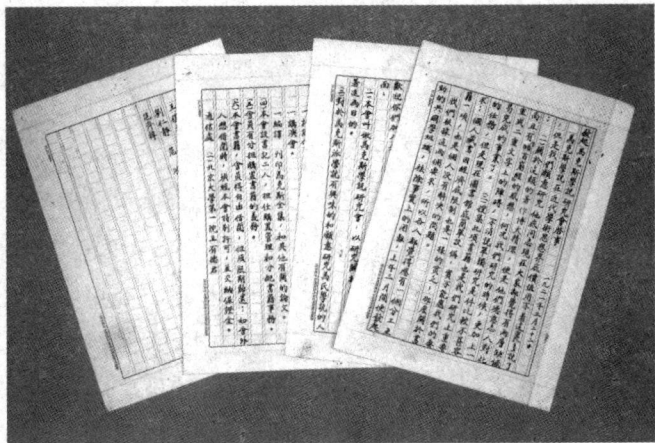

李大钊在《新青年》上
发表《我的马克思主义观》

在李大钊倡议下，《北京大学日刊》上刊登的《马克思学
说研究会章程》

影响。李大钊为建立中国共产党努力奋斗，是中国共产党的主要创始人之一。

1920年10月，李大钊发起成立了北京共产主义小组；同年11月，指导建立了北京社会主义青年团。他还派人到天津、唐山等地帮助创建共产主义小组和社会主义青年团组织。他带领北京共产主义小组成员深入工人群众中，开展工人运动；在长辛店开办"劳动补习学校"，创办《劳动音》周刊。

1921年中国共产党成立后，李大钊代表党中央指导北方的全面工作，在中共的二大、三大、四大当选为中央委员。

领导工运农运，为革命献身

1921年8月，中共中央在上海成立中国劳动组合书记部，领导全国工人运动。李大钊任北方区分部主任，在北京党组织创办的《工人周刊》上，撰写许多工运文章，阐明工人阶级受剥削受压迫的根源，指出工人阶级斗争方向。他参与领导开滦五矿大罢工、京汉铁路工人大罢工。他撰写文章总结斗争失败教训，激励人们斗争。1924年年底，他辞去教授职务专门从事革命工作。

他关心农民问题，领导了北京郊区农民抗交菜捐的斗争，在长辛店工人支持下取得胜利。他号召工农联合起来开展斗争。他撰文号召青年到农村去。

他对建立第一次国共合作的革命统一战线做出贡献。1919年他与孙中山有过接触，1922年受党委托与孙中山会面，讨论国共合作问题。他还介绍苏联代表越飞会见孙中山，二人见面会谈后，发表了《孙文越飞联合宣言》。他代表共产党帮助孙中山改组国民党，1924年国民党一大召开，李大钊协助孙中山做了大量工作，当选为国民党中央执委。1924年6月奉党中央指示，他率代表团秘密前往莫斯科，出席共产国际第五次代表大会，担任共产国际代表。

冯玉祥北京政变后，段祺瑞当上中华民国临时执政人。为粉碎段祺瑞及军阀政客组织的"善后会议"取代国民会议的阴谋，李大钊发动了国民会议运动，得到全国各阶层群众的广泛支持。在北京成立国民会议促成会，于1925年3月1日召开全国代表大会，对提高各阶层人民觉悟、促进革命运动发展，起到了积极作用。

反动军阀杀害李大钊的绞刑架

1989年，苏联为纪念李大钊发行的纪念李大钊邮票

1925年，五卅惨案发生，李大钊与赵世炎领导中共北方区委于6月3日、10日、25日连续三次举行数万人参加的示威游行，声援上海人民的反帝斗争。他还领导了北京关税自主运动、推翻段祺瑞政府的运动。1925年12月至1926年1月，中共北方区委和李大钊领导北京群众举行了三次反对日本和讨伐张作霖的示威大会，2月在天安门广场举行反英讨吴（佩孚）大会。

1926年3月18日，北京各界人民在天安门举行反对日本等国要求大沽口撤防的大会，并到皖系军阀段祺瑞执政府门前请愿，竟遭到段政府的血腥屠杀。李大钊在惨案发生后，继续领导共产党和国民党的北方组织坚持斗争。不久，奉系军阀张作霖的部队进入北京，白色恐怖更加严重。次年4月6日，张作霖在帝国主义

李大钊烈士陵园

支持下逮捕了李大钊等80余人。李大钊备受酷刑，在监狱中、在法庭上，始终大义凛然，英勇不屈。1927年4月28日，凶残卑怯的敌人不顾广大舆论的反对，将李大钊和谭祖尧、邓文辉、谢伯俞、莫同荣、姚彦、张伯华、李银连、杨景山、范洪劫、谢承常、路友于、英华、张挹兰、阎振三、李昆、吴平地、陶永立、郑培明、方伯务共20位革命者（其中多数是共产党人，也有国民党人）一起绞杀。李大钊临刑时毫无惧色，第一个走上绞架。临刑前，李大钊慷慨激昂："不能因为反动派今天绞死了我，就绞死了伟大的共产主义，共产主义在中国必然得到光辉的胜利。"他高呼："共产党万岁！"英勇就义，时年38岁。

李大钊对中国人民的解放事业，对马克思主义的信仰和无产阶级的革命前途无限忠诚。他为在我国开创和发展共产主义运动的大无畏的献身精神，永远是所有革命者的光辉典范。李大钊的业绩将永远受到中国人民的追怀和崇敬。

提倡新文化，抨击旧传统

胡适（1891—1962），原名嗣穈，学名洪骍，字希疆，后改名胡适，字适之，笔名天风、藏晖等，安徽绩溪上庄村人。新文化运动的领袖，现代著名学者、诗人，资产阶级改良主义思想家、文学家、历史学家、教育家、哲学家。

新文化运动的开山宗师

　　胡适出身于安徽绩溪官僚地主家庭，5岁丧父，由母亲抚育，在家乡读私塾，13岁赴上海读书，开始接触西方科学文化，受到梁启超学术思想影响。他19岁赴美留学，先在康奈尔大学获学士学位，后转入哥伦比亚大学，师从实用主义哲学大师杜威，终生受其思想影响。在美期间，他深入研究美国的政治、经济、生活等各个方面，形成以民主、自由、科学、人道为核心的民主主义世界观。

　　1917年，就读美国哥伦比亚大学研究生的胡适，在陈独秀主办的《新青年》上发表了《文学改良刍议》一文，提倡文学改良，使用白话文写作，极大地冲击了中国传统的文学观念。此文发表后立刻在国内引起巨大反响。此后陆续发表《历史的文学观念论》（1917年）、《建设的文学革命论》（1918年）等文章，认为"死文字决不能产出活文学。中国若想有活文学必须用白话，必须用国语，必须做国语的文学"，主张"国语的文学，文学的国语"，被郑振铎誉为"文学革命最堂皇的宣言"。胡适的观点立即引来守旧派的攻击，林纾在给蔡元培的信

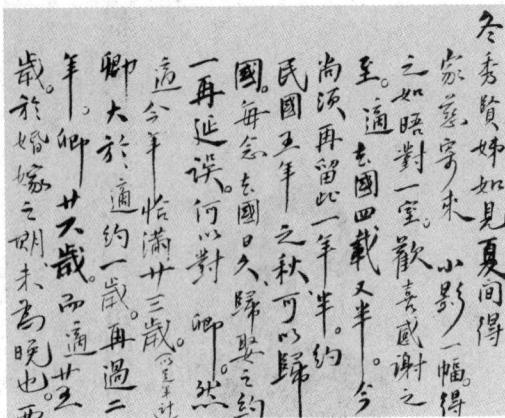

胡适早年致发妻江冬秀信

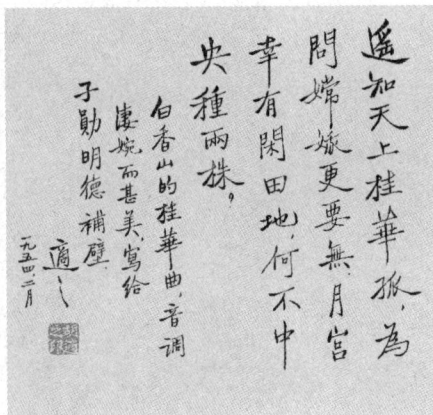

胡适手稿

中说："若尽废古书，行用土语为文字，则都下引车卖浆之徒所操之语，按之皆有文法……据此则凡京津之稗贩，均可用为教授矣。"

胡适提出"人的文学"及写实主义的主张。1920年出版中国新文学史上第一部白话诗集《尝试集》。《尝试集》的新诗充满试验性质，虽然并不成熟，但它的出版，引起了相当大的反响。封建复古派反对它。胡先骕教授用文言写了长达两万多字的长文——《评〈尝试集〉》。胡先骕说："胡（适）君之《尝试集》，死文学也。其必死必朽也。不以其用活文字之故，而遂得不死不朽也。物之将死，必精神失其常度，言动出于常轨。胡君辈之诗之卤莽灭裂趋于极端，正其必死之征耳。"胡适首次用白话创作的独幕剧《终身大事》，确立了现代话剧的新形式。他的小说《一个问题》开启了中国现代小说的第一个流派"问题小说"。他的一系列文学革命和探索，在中国文学史上具有开创意义，对现代中国文学产生深远影响，他也因此被誉为"新文化运动的开山宗师"。

自由主义思想家

五四运动时期，胡适提倡健全的个人主义精神。五四运动爆发后，胡适提出改良主义政治观，反对广泛传播的马克思主义，他主张"多研究些问题，少谈些主义"。直系军阀吴佩孚在五四时期反对安福系，支持学生运动，并且在第一次直奉战争中，打败张作霖。吴的做法深得胡适等自由知识分子的青睐。他认为只要吴佩孚不放弃努力，就能实现南北统一，产生一个"好人政府"，以推行渐

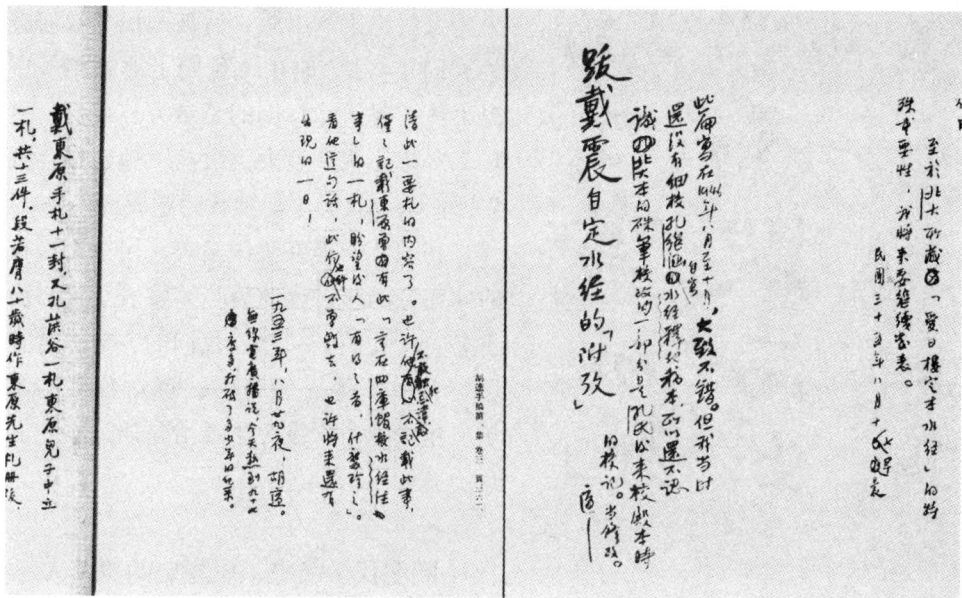

胡适手稿

进式的和平改革。他和蔡元培致电孙中山，劝其结束护法战争，以国民身份为国尽力。

粤军总司令陈炯明发动广州兵变，欲置孙中山于死地。全国上下齐声唾骂陈炯明。胡适则认为："孙文与陈炯明的冲突是一种主张上的冲突。陈氏主张广东独立，造成一个模范的新广东；孙氏主张用广东做根据地，做统一的中华民国。这两个主张都是可以成立的。"

北京政变发生后，孙中山应邀北上共商国是。段祺瑞以"善后会议"相干扰，胡适以"有特殊资望学术经验者"在邀请之列。尽管他清楚地知道，"善后会议"是军阀、政客的分赃会议，他仍然善良地期待着"善后会议"能成为"和平会议"，以为"会议式的研究时局解决法总比武装对打好一点"，所以，他"愿意试他一试"。

1929年，胡适提出"全盘西化"的政治主张，提议建立民主政府。他组织发起新月人权运动，在《新月》杂志上发表《人权与约法》一文，标志着"人权运动"的开始。随后发表《我们什么时候才可有宪法——对于建国大纲的疑问》《知难，行亦不易——孙中山先生的"行易知难"说述评》《新文化运动与国民党》等文章。1930年1月，胡适与罗隆基、梁实秋三人有关人权问题的文章结集

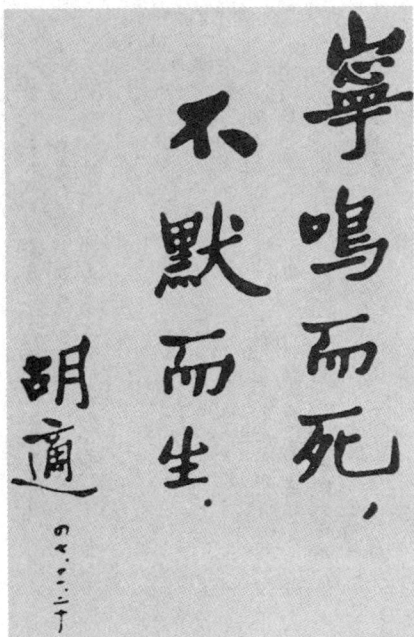

宁鸣而死，不默而生。

胡适

四七二二十

胡适手迹

为《人权论集》出版，后被国民党政府查禁。同年4月，他在《我们走那条路》中提出："要铲除打倒的是贫穷、疾病、愚昧、贪污、扰乱五大仇敌。"他还在《独立评论》上就民主与独裁问题展开论争。

1941年，他在美国发表《民主与极权的冲突》的演讲，此后陆续发表了《自由主义》《我们必须坚持我们的方向》《容忍与自由》等提倡自由、反对独裁的文章。建立资产阶级民主政治是胡适毕生的政治追求。

中国现代学术史、思想史的奠基人

在学术上，胡适主张用实用主义方法整理和评价中国古代文化，并把这一思想概括为"大胆假设、小心求证"。他认为"怀疑以后，相信总要相信，但是相信的条件，就是拿凭据来"。他把现代文化意识和现代哲学、文学、史学观念引入哲学、文学、史学、宗教研究领域。

他率先采用西方近代哲学的体系和方法研究中国先秦哲学。他以博士论文《先秦名学史》为基础，编写了《中国哲学史大纲》（上卷）。蔡元培赞扬《中国哲学史大纲》的长处是"证明的方法、扼要的手段、平等的眼光及系统的研究"，称其为"第一部新的哲学史"。冯友兰多次肯定《中国哲学史大纲》，认为它表明"在中国哲学史研究的近代化工作中，胡适创始之功，是不可埋没的"。

胡适很喜欢"谈墨"，他认为"欲知一家学说传授沿革的次序，不可不先考订这一家学说产生和发达的时代。如今讲墨子的学说，当先知墨子生于何时"。其中的兼爱思想成为胡适一生的品德。胡适还认为"天人感应"是汉代儒教的根本教义，而这是受墨子"天志"的影响。1921年，胡适为梁启超的作品《墨经校释》四卷作序。在这篇长序中他赞美任公的贡献，同时提出自己的看法。梁启超说："绩溪诸胡多才，最近更有胡适之。"

胡适对《红楼梦》《水浒传》《西游记》《三国演义》《三侠五义》《海上花列传》《儿女英雄传》《官场现形记》《老残游记》等多部古典小说的研究

皆卓然有成，著述六十万言，结集为《中国章回小说考证》出版。

胡适是新红学派——考据派的创始人，是将小说纳入学术研究正轨的第一人。他的《红楼梦》研究开一代"新红学"研究之风。取代蔡元培为代表的"索隐派"旧红学。胡适在《红楼梦考证》中说："我现在要忠告诸位爱读《红楼梦》的人：我

台北胡适墓，"智德兼隆"四字为蒋介石书

们若想真正了解《红楼梦》，必须先打破这种牵强附会的《红楼梦》谜学！"胡适是《乾隆甲戌脂砚斋重评石头记》（即所谓"甲戌本"）孤本的发现者和拥有者，还发现了《庚辰本》等一系列珍贵的版本，为现代红学研究奠定了重要的基础。

胡适撰写的第一部《白话文学史》、第一部《中国禅宗史》，为文学史、

安徽绩溪胡适故居

禅宗史研究做出了贡献。《戴东原的哲学》是胡适研究清代思想史的一部最重要的著作。胡适认为，清代思想史中存在一个反理学的大运动，这个运动有破坏和建设两个方面。前者是揭露理学的谬误，打破它的垄断地位；后者是要建设一种不同于理学的新哲学。

胡适对中国传统文化的整理和重构在中国近现代文化史、思想史、学术史、宗教史上，有着承前启后、继往开来的意义，也因此成为中国现代学术史、文学史、思想史的奠基人。

全民族抗战爆发后，胡适出任国民党政府驻美国大使，奔走于欧美各国，为争取欧美各国对中国的支持不遗余力。1946年出任北京大学校长，为北京大学的发展做出贡献。他1949年赴美定居，1958年任我国台湾"中央研究院"院长，1962年因病去世。

胡适旧学功底邃密，深染孔孟之道，新知深沉、西学造诣深，堪称学贯中西的学者，被蒋介石称为"新文化中旧道德的楷模、旧伦理中新思想的师表"。胡适兴趣广泛，著述丰富，在文学、史学、哲学、考据学、教育学、伦理学、红学等诸多领域都有深入的研究。

鲁迅 ●

我以我血荐轩辕的民族脊梁

鲁迅（1881—1936），浙江绍兴人。原名周樟寿，后改名周树人，字豫山，后改字豫才，以笔名鲁迅闻名于世。中国现代文学的奠基人、左翼文化运动的支持者、中国文化革命的主将，伟大的文学家、思想家、革命家、翻译家、现代散文文体家。鲁迅作品对中国文学产生了深刻影响。

从救人到救国

鲁迅出身于破落封建官僚家庭，因祖父入狱、父亲长期生病，幼小年纪就体会到人间世态炎凉，也体察到底层人民的困苦生活。他18岁离开家乡到南京求学，阅读了外国文学和社会科学方面的书籍，开阔了视野，并且受进化论、尼采超人哲学和托尔斯泰博爱思想的影响。他认识到，一个人、一个民族要想生存、发展，就要有自主、自强精神。

1902年他考取官费留学日本，在仙台医学院学医，意在救治像父亲那样被庸医所害的病人，改善中国人的健康状况。残酷的现实很快将鲁迅的理想磨灭。鲁迅经常受到日本人的歧视，被骂作"低能儿"；解剖课获得95分，被认为是老师泄露了题目。在日本，鲁迅强烈地感觉到作为弱国子民的悲哀。在一次课前看到的幻灯片中，中国人被日本军队杀头，旁边竟然有围观的中国人看热闹。此片使

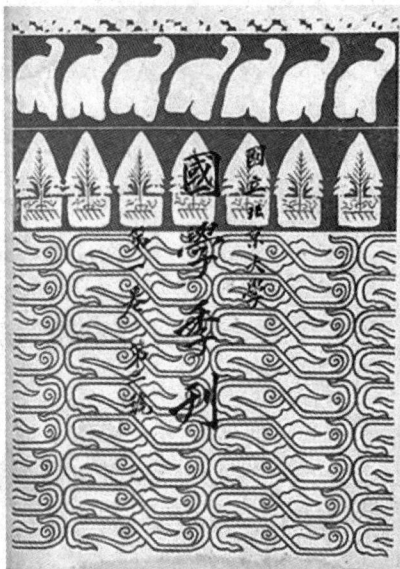

鲁迅设计、蔡元培题字的《国学季刊》，1923年创刊

他受到极大的刺激。他认识到精神的麻木比身体的虚弱更加可怕。要改变中华民族在世界上的悲剧命运，首要的是改变中国人的精神，而善于改变人的精神的首先是文学和艺术。于是鲁迅弃医从文，来到东京。翻译《域外小说集》，介绍外国文学；发表《摩罗诗力说》《文化偏至论》等论文；参加革命党人的活动；筹办文学杂志。他对中国国民性问题进行了深入思考，把个人的人生体验与国家民族的命运紧密联系起来，奠定了他作为文学家、思想家的基础。

二十世纪亚洲最伟大作家

鲁迅作品题材广泛，形式多样灵活，风格鲜明独特。在他55年的人生中，创作的作品涉及小说、杂文、散文、诗歌等多种体裁，被誉为"二十世纪亚洲最伟大作家"，有《鲁迅全集》20卷1000余万字传世。在中华人民共和国成立后，鲁迅的多篇作品被选入中小学语文教材，对新中国的语言和文学有着深远的影响。

1918年，首次用"鲁迅"的笔名，在《新青年》上发表中国现代文学史上第一篇白话小说《狂人日记》。小说通过对狂人的心理描写，形象地揭露和控诉了中国几千年封建社会"吃人"的历史，向愚昧落后的封建社会发出了"从来如此，便对吗"的质问，大声疾呼"救救孩子"，堪称五四运动中反封建的最强

鲁迅为自己的《呐喊》一书，
自己设计的封面，1926年出版

鲁迅主编并设计封面的
《萌芽》月刊，1930年出版

音，奠定了中国新文学运动的基石。

五四运动前后，鲁迅参加《新青年》杂志工作，成为五四新文化运动的主将。1918年到1926年间，陆续创作出版了小说集《呐喊》《彷徨》、论文集《坟》、散文诗集《野草》、散文集《朝花夕拾》、杂文集《热风》《华盖集》《华盖集续编》等专集。其中，1921年12月发表的中篇小说《阿Q正传》，是中国现代文学史上的不朽杰作。通过阿Q这样一个生动的典型形象，深刻揭示辛亥革命失败的原因，反映了长期处于封建统治下的农村社会的劣根性和下层农民的愚昧状态。《孔乙己》成功地塑造了一个受封建科举考试制度毒害的读书人形象。鲁迅的小说数量不多，但意义重大，名篇迭出。他注重细节描写，能在点滴间以白描手法鲜明刻画人物，并挖掘微妙的心理变化；描写的大多是社会底层人们的生活和精神状态，意在"揭出病苦，引起疗救的注意"。

鲁迅的杂文是中国现代文化的一部史诗，它不但记录了鲁迅战斗的一生，同时也记录了那一时代的文化史、思想史。他创造了以伦理为主，形式灵活的杂文形式，并将之发扬光大。他的杂文数量极多，题材广泛，形象鲜明，论辩犀利，文风多变，毛泽东誉之为"匕首"和"投枪"，深刻揭示了当时中国社会方方面面的问题，代表作有《二心集》《华盖集》《华盖集续编》《热风》《三闲集》等。这些杂文自由大胆地表现人的情感、情绪，为中国散文发展开辟了道路。鲁迅以笔为枪，坚持社会正义，反抗强权，保护青年，培育新生力量。

鲁迅散文也有着重要的地位，主要作品结集为《朝花夕拾》和《野草》。前者以追忆儿时往事为主，平易晓畅，风趣生动，代表作有《从百草园到三味书屋》等。《野草》则以尼采式的散文诗形式，表达对社会、人生的批判反思，反映了作者当时虚无主义的悲观心境。语言色彩艳丽而冷峻峭拔，意象独特而富有暗示性，意境晦暗幽深，对日后中国白话散文诗的发展有着一定影响。

鲁迅的诗歌以旧体诗为主，"度尽劫波兄弟在，相逢一笑泯恩仇""寄意寒星荃不察，我以我血荐轩辕"为大家所熟悉和引用。鲁迅以译著闻名，他的翻译强调忠实原文，有时甚至连原句的结构也不加改动，以"硬译"风格闻名。鲁迅总共翻译过14个国家近百位作家200多种作品，计有500多万字。

鲁迅的方向就是中华民族新文化的方向

鲁迅是中华民族最硬的脊梁。"鲁迅的骨头是最硬的，他没有丝毫的奴颜和媚骨"，他从不屈服于外来和反动势力的高压和攻击。从为《新青年》杂志写《随感录》开始，鲁迅的笔一直对着社会的诸多丑态，写政客的嘴脸、摹文人的陋习，攻击国民的种种陋习，五光十色，林林总总。内容是逆俗的，反传统的。他的文字针砭时弊，总能击中要害，写出社会的真与灵魂的真。他的文字是我们认识中国社会、中国历史、中国文化的最切实可靠、最生动深刻的文本。

鲁迅从自己的生命体验、社会阅历和人生感悟中，深刻地洞察了中国人的行为方式和文化心理，真正透彻地发现了中国社会、历史、文化隐秘的内在机理，洞幽烛微地透视和解析隐含其中的中国文化的遗传密码，中国历史、社会的潜规则，以及那些不断被袭用的老谱和老例。他的书是现代社会的百科全书，它记录着一个民族的画卷，从中可以看到中国人灵魂的本态。

他担任主笔的"语丝社"在反封建思想、反击复古逆流的斗争中，在围绕北京师大风潮、"三·一八惨案"、抨击北洋军阀统治、揭穿所谓"正人君子"

鲁迅与青年木刻家

帮闲面目的斗争中，以及后来的文学革命讨论中，都起过积极作用。1926年8月，鲁迅因支持北京学生爱国运动，为北洋军阀政府所通缉，南下到厦门大学任中文系主任。1927年1月，他到当时的革命中心广州，在中山大学任教务主任。

1930年起，他先后参加了中国自由运动大同盟、中国左翼作家联盟和中国民权保障同盟，反抗国民党政府的独裁统治和政治迫害，受到国民党政府的严重打压。

从1927年到1936年，他创作了历史小说集《故事新编》，借历史典故映射现实生活，风格从容充裕、幽默洒脱。其中的大部分作品和大量的杂文，收辑于《而已集》《三闲集》《二心集》《南腔北调集》《伪自由书》《准风月谈》《花边文学》《且介亭杂文》《且介亭杂文二编》《且介亭杂文末编》《集外集》和《集外集拾遗》等之中。

鲁迅的一生，对中国文化事业做出了巨大的贡献：他领导、支持了"语丝社""未名社""朝花社"等文学团体；主编了《国民新报副刊》（乙种）《莽原》《语丝》《奔流》《萌芽》《译文》等文艺期刊；热忱关怀、积极培养柔石、白莽、萧军、萧红等青年作者；大力翻译外国进步文学作品和介绍国内外著名的绘画、木刻；搜集、研究、整理大量的古典文学，编著《中国小说史略》《汉文学史纲要》，整理《嵇康集》，辑录《会稽郡故书杂集》《古小说钩沉》《唐宋传奇录》《小说旧闻钞》等。

1936年10月19日，鲁迅因肺结核病逝于上海，上海上万名民众自发为他举行公祭、送葬，遗体葬于虹桥万国公墓。

中国共产党对鲁迅有高度评价，毛泽东在《新民主主义论》中将鲁迅评价为"中国文化革命的主将""不但是伟大的文学家，而且是伟大的思想家和伟大的革命家""向着敌人冲锋陷阵的最正确、最勇敢、最坚决、最忠实、最热忱的空前的民族英雄"。

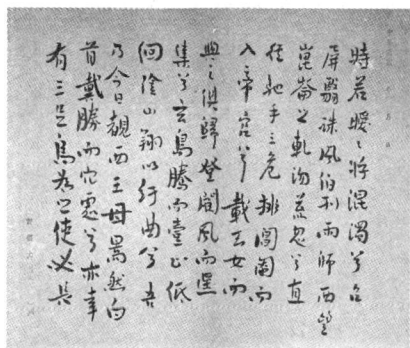

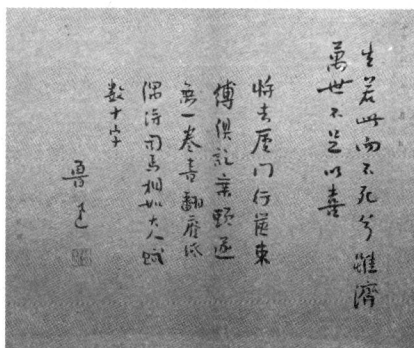

鲁迅手迹

为国为民，慷慨赴义

夏明翰 ●

砍头不要紧，只要主义真

夏明翰（1900—1928），字桂根，湖南衡阳人，中国共产党党员，无产阶级革命家。1928年在武汉进行革命活动时被捕，旋即被国民党杀害，年仅28岁。被枪杀前，夏明翰写下大义凛然的"砍头不要紧，只要主义真；杀了夏明翰，还有后来人"的《就义诗》。

背叛家庭，投身革命

夏明翰出身官宦家庭，祖父夏时济，进士出身，在清朝做过户部主事，当过江西、江苏督销局和两江营务处总办，是封建社会的一个传统官僚。父亲夏绍范，清朝诰授资政大夫，1901年钦加三品衔，曾任归州知州，还曾被清政府派往日本考察新政。母亲陈云凤，是翰林编修、国民第二届参议会议员、国史馆秘书陈嘉言的大女儿。

夏明翰出身优越，年少时，家里人曾对他寄予很大希望。在众多的孙辈中，夏时济最喜爱夏明翰，为了让夏明翰成为"书香门第"的继承者，他亲自课以诗书。与祖父不同，曾在日本考察新政的父亲比较开明，鼓励夏明翰多关心国家大事。夏明翰深受父母影响，从小就愿走出家门，了解人间疾苦。一次，他在外面见到一个面黄肌瘦的妇人带着婴儿要饭，便把身上的钱全给了她。后来，他回忆说："那是我第一次知道世界上还有饿肚子的人。"少年时期，有一次，在

夏明翰与妻子

家见到女佣挑水非常吃力，就搭手帮了一把。恰巧被祖父看到，引来了祖父的大声呵斥。祖父抱有传统观念，对读书人干体力活，十分反感。但夏明翰并未受祖父影响。家里的老轿夫因年老被祖父辞退，后来夏明翰又听说老轿夫在外谋生艰难，被辞退后不久即劳累而死。这一切让夏明翰发出了"人间不平，何也"的呼号。

1918年，吴佩孚驻守衡阳城。由于夏家是当地的大户，吴佩孚带着"德盖衡岳，誉满蒸湘"的字屏到夏府拜访夏时济，意图拉拢。夏时济对此非常得意，将匾额挂在墙上。夏明翰得知后，愤然写下一首讽刺诗："眼大善观风察色，嘴阔会拍马吹牛。手长能多捞名利，身矮好屈膝叩头。"后来又将字屏撕碎，洒满一地。祖父恼怒万分，又听到豪绅们登门告状，说夏明翰在外领导学生运动，便命家人把这个叛逆的孙子锁到一间屋子里。夏明翰就此下决心与祖父决裂，找弟弟夏明震要来一把斧子，砍开窗户跳出屋子，又到院里把祖父视为官运亨通的一棵桂树砍倒，从此闯出夏府再不复返，投身革命的洪流。

热血青春，无怨无悔

1917年，夏明翰违背祖父的意愿，考入湖南省立第三甲种工业学校。在校期间，夏明翰开始阅读大量进步书籍、报刊。与此同时，夏明翰还同省立第三师范学校学生蒋先云等秘密组织革命团体"砂子会"，开展反对北洋军阀的斗争。

1919年，五四运动爆发。夏明翰等人响应湖南省学联的号召，联络三师、三甲工、三女师，成章、道南、新民等中学的进步学生，走出校门奔向社会，开展大规模的爱国宣传活动；联络教育界和工商界，并以衡阳、耒阳、郴州、桂阳各界人民名义通电全国，声援五四爱国运动；组织游行示威，再三向吴佩孚驻军请愿。整个衡阳古城为之沸腾，充满了浓浓爱国热情。正义的呼声，爱国反帝的烈火在湘江两岸燃烧起来。在这激动人心的日子里，夏明翰带领着第三甲种工业学校讲演团，经常到沿江各码头讲演，往往是"讲者声泪俱下，听者掩面而泣"。

1919年6月，以五四运动为契机，以"联络感情，交换知识，促进文化，改造社会"为宗旨的湘南学生联合会，在浮桥公所正式成立。由于夏明翰为人热情，不久就被选为第三任总干事。在夏明翰等人的带动下，衡阳各界人士，分别成立"各界联合会抵制日货分会""国货维护会"等爱国组织。

随着五四运动的深入，到7月，衡阳又掀起了一个查封日货运动。夏明翰首先发动自己的弟弟夏明震、夏明霹和妹妹夏明衡等，把家里的日货都搜出来烧掉；然后，积极投入抵制日货运动，把查到的日货，统统搬到湘江边的空坪上，举行了一次声势浩大的"焚毁日货大会"。在会上，夏明翰发表演讲："谁想用洋货剥削我们、侵略我们，就叫他像洋火一样，在中国人民的怒火中烧毁！"说罢，他一把火将成堆的日货点燃，熊熊烈火照亮了衡阳城的夜空。

1920年3月，湖南爆发了驱逐张敬尧运动。运动领导人何叔衡带领请愿代表团来到衡阳。夏明翰等领导湘南学生并发动各界全力投入驱张运动。在民众的愤怒声讨中，1920年6月，张敬尧被赶出了湖南。夏明翰欣喜不已，随口吟诗一首："张督心藏刀，治湘一团糟。杀人又放火，民众怨声高。吾辈齐奋起，驱张胆气豪。张毒如老鼠，夹起尾巴逃。"

五四爱国运动、驱张运动的成功让夏明翰热血沸腾，他向往更广阔的舞台，向往在更广阔的舞台上，为中国人谋求幸福。1921年秋，夏明翰毅然离开衡阳来到长沙，进入毛泽东创办的湖南自修大学学习。在这里他认识了毛泽东、何叔衡等一批志同道合的革命先辈。不久，在毛泽东的介绍下，夏明翰加入了中国共产党，投身到大革命的洪流中。

参加中国共产党后，夏明翰以救中国，救千千万万中国的劳苦大众为己任。在组织"人力车工会"时，"夏家的少爷"同那些"拉车的"日夜吃住在一起，搞农运时也同穷苦农民打成一片。在那个讲究门当户对的年代，官宦家庭的夏明翰却娶了一个湘绣女工为自己的人生伴侣。

为国为民浩气长存

在革命的道路上，夏明翰很早就认识到了农民的重要性。1927年1月，两次到湘南各县进行农运调查，主持写出《1927年1月份农民运动报告》，还担任了毛泽东和中央农民运动讲习所的秘书。"四一二"反革命政变后，夏明翰悲愤异常，写下了："越杀胆越大，杀绝也不怕。不斩蒋贼头，何以谢天下！"中共中央八七会议后，夏明翰又担负起秋收起义的联络工作，经常扮成农民、商人，向基层组织宣传和组织秋收起义。10月，他兼任中共平（江）浏（阳）特委书记，

夏明翰故居

先后组织策划了平江秋收暴动委员会，指挥浏阳暴动队智取团防局枪支，使这一带工农武装斗争得以迅速开展。在中国革命史上留下浓墨重彩的秋收起义、平江暴动，都有夏明翰的贡献。

1928年初，夏明翰告别妻子和刚出生的女儿来到武汉。此时的武汉正笼罩在一片白色恐怖中。夏明翰顾不得这些，毫无惧色，到汉口后即开始工作。他与新任湖北省委书记郭亮一起听取了由党中央派来武汉的李维汉传达的中央精神，共同研究并决定取消了不顾政治形势而盲目冒险的两湖年关暴动计划，同时迅速通知各县农民武装转移，保存革命有生力量。

开始他住在湖南商号，发现隶属桂系军阀的武汉卫戍司令部已盯上那里，便迁到东方旅社，与徐特立、谢觉哉、熊谨玎等研究下一步工作。这时，湖北省委的交通机关已被敌人破坏了。忙于工作的夏明翰，很晚才从谢觉哉那里获悉交通员宋若林不可靠的消息。一得到消息，明翰便回到东方旅社收拾东西。他正准备转移时，叛徒宋若林带着警探闯进了房间。

夏明翰被捕后，敌人让他写自白书。夏明翰拿起笔，写了三封信。一封写给母亲，回顾了母亲的养育之恩，感谢母亲对他的教育；第二封信写给妻子，表达了对妻子的爱意，希望妻子不要难过，预言将来革命一定能够胜利；第三封写给大姐，对自己参加革命，连累大姐受到牵连表示歉意。将信写完，夏明翰即不再言语，也不回答审讯官的任何问话。

反动派见软的不行，就开始对夏明翰进行严刑拷打，把他打得血肉模糊，几次昏死过去。夏明翰宁死不屈的革命斗志，使敌人的梦想破灭了，于是，国民党中央电复湖北当局："就地枪决。"

到1928年3月20日，夏明翰在监狱里度过了43天牢狱生活。

这天一早，天蒙蒙亮，夏明翰就被反动当局五花大绑押上囚车，带到汉口余记里刑场。行刑官问他有无遗言，他大喝道："有，给我拿纸笔来！"接着，他挥笔写下了"砍头不要紧，只要主义真；杀了夏明翰，自有后来人"的就义诗。正气凛然的词句，当即被人称作热血谱写的革命战歌，激励了无数后人为之奋斗。

愿润之的事业早日成功

杨开慧（1901—1930），号霞，字云锦，1901年出生于湖南省长沙县板仓乡。杨昌济之女，毛泽东的第一任妻子，与毛泽东生有三个孩子，分别是毛岸英、毛岸青、毛岸龙。在毛泽东率领中央红军第二次进攻长沙后，杨开慧被国民党逮捕。她拒绝退出中国共产党或声明与毛泽东脱离关系，于1930年11月14日被杀害。

夫唱妇随，为党默默工作

1921年，杨开慧加入了中国共产党。如果以党龄而论，杨开慧在女性中仅次于北大的缪伯英，是中共第二个女党员。1921年夏，毛泽东到上海参加了中国共产党第一次全国代表大会。中共一大以后，共产党建立了湘区委员会，毛泽东为书记。毛泽东当时是长沙第一师范附属小学的校长，他们在长沙小吴门外的清水塘租了几间房子，既作为教学之用，也作为区委的秘密机关。毛泽东的公开身份是自修大学的主办者，杨开慧担任学联干事，在党内担任机要和交通联络工作，成了毛泽东的助手。她经常往来于文化书社、船山学社等党的秘密联络点，传送党的文件和指示，协助毛泽东搜集资料，抄写文稿，同时精心照料毛泽东的生活起居。为了毛泽东能有精力从事日益繁重的革命工作，杨开慧把她母亲也接来一起居住。

1922年，毛泽东创办了湖南青年图书馆，杨开慧在图书馆主持一切事务性工作。这年10月，杨开慧生了第一个孩子毛岸英。杨开慧一边带孩子，一边协助毛泽东工作。

由于工作需要，毛泽东离开了长沙去上海。这时候，杨开慧又怀孕在身。然而，毛泽东此时忙于纷繁的工作，很少写信回家。杨开慧要照顾母亲和孩子，加之她以前的革命工作主要都是在毛泽东的指示下进行的，现在毛泽东一走，以前火热的组织活动她也很少参加。离开了丈夫，离开了革命集体的生活，使杨开慧的心境孤独而又寂寞，因此她更加希望毛泽东能时常记挂着她。但作为丈夫的毛泽东，当时却并不能十分理解妻子的心。杨开慧几次写信，要求和毛泽东一起到上海、广州去，毛泽东却总说："大都会生活开销大，我经常东奔西走，并不能照顾你们母子，倒不如在长沙亲戚朋友多，熟人熟地方便。"毛泽东还笔录了唐人元稹的一首诗《菟丝》赠给她：

> 人生莫依倚，依倚事不成。
> 君看菟丝蔓，依倚榛与荆。
> 下有狐兔穴，奔走亦纵横。
> 樵童砍将去，柔蔓与之并。

他还在另一首写给杨开慧的词中说："我自欲为江海客，更不为昵昵儿女语。"

杨开慧拆开信一看，十分生气。她一向视为知己的毛泽东，怎么变得这么不理解她了呢？你毛泽东欲为江海客，难道我杨开慧就只是那种只知道卿卿我我的旧式女子吗？我要和你在一起是为了革命工作，是想助你一臂之力。只有你要革命，我只能是家庭妇女吗？杨开慧满心的委屈无处诉说。

不久，毛泽东从上海到广州去出席党中央的会议。他特地转道长沙看望杨开慧母子。夫妻见面后，杨开慧并没有往日的热情，对丈夫也是不爱搭理的。毛泽东不知出了什么事，后来，经一再追问，杨开慧才含着泪向他倾诉了自己的满腹委屈。毛泽东震惊了。这几年因为忙于革命工作，他很少想到自己的妻子儿女，毛泽东顿时感到深深内疚。想到杨开慧这些

毛泽东和杨开慧在板仓的故居

年为他承担了繁重的家庭担子，而自己却不曾为她分忧，甚至连她的革命要求，也没有给予应有的重视，难怪妻子要产生埋怨。但是，此时他革命任务在身，不能在家中久待。只歇了一夜，第二天天不明，毛泽东又动身去赶火车了。此时，正是半天残月照横塘，而这次，杨开慧破例没有为他送行。毛泽东此时的心情复杂极了，一直不能平静，便挥笔写下了一首致杨开慧的词《贺新郎》："挥手从兹去。更那堪凄然相向，苦情重诉。眼角眉梢都似恨，热泪欲零还住。知误会前番书语。过眼滔滔云共雾，算人间知己吾和汝。人有病，天知否？今朝霜重东门路，照横塘半天残月，凄清如许。汽笛一声肠已断，从此天涯孤旅。凭割断愁丝恨缕。要似昆仑崩绝壁，又恰像台风扫寰宇。重比翼，和云翥。"杨开慧读了此诗，理解了丈夫的心情，暗暗表示自己再苦再难也要支持毛泽东的事业。

1923年4月，毛泽东回到上海后，马上写信去长沙，要杨开慧带着全家到上海来团聚，一起生活。杨开慧把清水塘和板仓的事情全部处理好，在翌年端阳节前带着两个孩子——岸英、岸青，母亲还有李一纯以及哥哥杨开智的女儿杨展从长沙坐轮船去上海。这是杨开慧离开长沙，第一次乘轮船出远门。

当杨开慧和李一纯等人到达上海时，毛泽东和李隆郅（即李立三，此时化名为李成）一起在码头迎接，然后领着大家前往住地——慕尔鸣路的三曾里。毛泽东和杨开慧及一家人终于团聚了。杨开慧理解毛泽东以革命事业为重的胸怀，幽怨在理解中转为相互支持。在这里，人们经常可以看到杨开慧和向警予一起去纱厂组织女工夜校，为此她还专门学习用上海话讲课。一年后，毛泽东回到韶山开展农民运动，在农民夜校担任教员，杨开慧也相随相伴。她不仅一直照顾毛泽东的生活，还带孩子、帮助联络同志，协助毛泽东找资料、抄写文章，做了大量无人知晓的工作，成为毛泽东最得力的助手。随后1923年6月至1927年，杨开慧一直跟随毛泽东去上海、韶山、广州、武汉等地从事革命活动，再没有分开。杨开慧这种夫唱妇随，为党默默工作，让毛泽东回忆起来常常是感动不已。

我死不足惜，愿润之的事业早日成功

1927年秋，毛泽东按党的八七会议指示去湘赣边界领导秋收起义。他这一走，就此与杨开慧断了联系。此时，刚刚生了第三个儿子毛岸龙的杨开慧，冒着生命危险，参与组织和领导了长沙、平江、湘阴等地的武装斗争。在敌人的后方，他们发展壮大党的组织，坚持斗争整整三年。这三年的时间里，杨开慧只收到毛泽东给她写过的一封信。杨开慧痴情地挂念着毛泽东，盼望着自己深爱的丈夫早日归来。

因关山远隔，书信难通，三年间杨开慧只能从国民党的报纸上看到屡屡围剿"朱毛"不成功的消息，她知道丈夫还在斗争，既受鼓舞又十分牵挂。1930年，红军两次攻打长沙。湖南军阀何键气得火冒三丈，他拿朱、毛红军没办法，就把仇恨都发泄到朱、毛的家属身上。他悬赏1000银圆捉拿杨开慧。杨开慧在群众的掩护下，几次都逢凶化吉躲过了敌人的追捕。

杨开慧和她的两个儿子

杨开慧此时早就把自己的生死置之度外，而她最担心的是三个年幼的孩子。面临着与三个幼小的儿子生离死别时，她早就想过孩子们万一失掉母亲后的命运。所以她很早就已经为孩子们寻找到能够托付的亲人，她当时找的亲人就是她的表兄杨开明。但是，后来杨开明和杨开慧同年壮烈牺牲，他没能照顾到毛泽东和杨开慧的三个儿子。毛岸英弟兄三人流落上海街头，后被党组织营救。杨开慧曾经写信给杨开明嘱咐道，如自己遇到不测，请帮忙照顾三个孩子和母亲，并把党的文件密封在一个蓝花瓷缸中，埋在菜园里。这个瓷缸一直到新中国成立后才被人挖出来。杨开慧在生命中的最后这三年里，时时思念自己的丈夫，写下了很多思念丈夫的催人泪下的手稿。由于无法寄出，就只能藏在她家卧室的墙缝里。这些手稿，直到1982年杨开慧故居进行翻修时，才被发现，成为珍贵的文物。1990年房屋再度修缮时，又在其卧室外屋檐下发现了8篇文稿。这8篇文稿用蜡纸仔细包好，是女主人在离开丈夫日日夜夜里，极度痛苦的自我倾诉。文稿中那些对丈夫刻骨铭心的思念，字字含泪，句句滴血。这就是杨开慧留给世间的最后的思念。

面对敌人的搜捕，杨开慧早就做好了最坏的打算。她让板仓老家的族兄杨秀生先把保姆和孩子带回湖南乡下。据陈玉英回忆说："当时武汉形势越来越紧张。七月中旬，板仓的杨秀生接了我和岸青，还有十一件行李，大都是毛主席、开慧同志看过的书和写的笔记，回到了开慧同志家乡——长沙县东乡板仓。"

离开孩子们，杨开慧和所有母亲一样，每天是牵肠挂肚的思念。1930年10月，杨开慧悄悄回板仓看望母亲和孩子，结果被国民党密探发现。军阀何键派了80余人团团包围了杨开慧的家，她被敌人逮捕时，连同8岁的儿子毛岸英和保姆

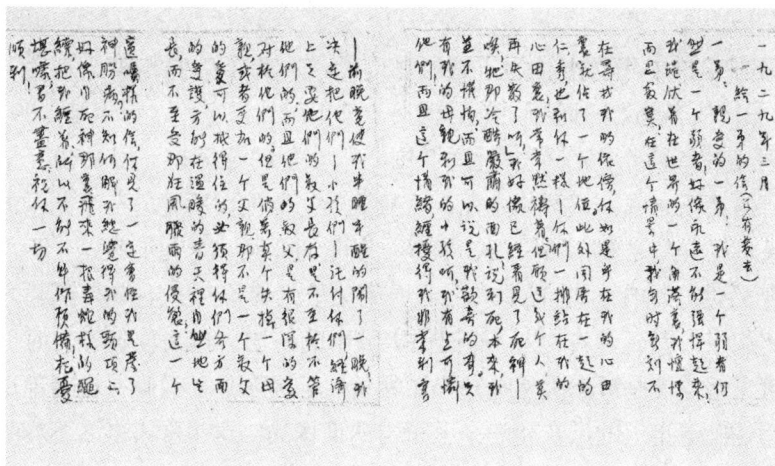

杨开慧被捕前写给堂弟杨开明的信

孙嫂也一同被敌人抓去。她先是被关在国民党的"清乡司令部"，后又转移到长沙陆军监狱。在转移押解地时，押签上特别注明："最严重的政治犯，女共党杨开慧一名，附小孩一名，女工一名。"

面对穷凶极恶的国民党长沙警备司令部的种种威逼利诱，严刑拷打，杨开慧坚贞不屈，大义凛然："你们要打就打，要杀就杀，要想从我的口里得到你们满意的东西，妄想！"她几乎每天都被提去过堂，遭到皮鞭、木棍的毒打，还被压杠子，被打昏后又被凉水泼醒。她回到牢房，紧紧抱着年仅8岁的毛岸英，告诉他，父亲一定会回来打坏人。曾任中共湖南省委书记的叛徒任卓宣向何键献策称："杨开慧如能自首，胜过千万人自首。"此时，为了营救杨开慧，地下党的同志和杨开慧的亲属们四处奔走，许多知名人士也出面保释。任卓宣想了许久，最后说："对杨开慧没有更好的办法，唯一的办法还是逼着她与毛泽东脱离夫妻关系，把离婚声明登在报纸上，这对毛泽东、对共产党地下组织，都是一颗重磅炸弹！政治上就是一大胜利。这对社会名流，也好应付过去。"于是，审讯官提出，杨开慧只要宣布同毛泽东脱离关系后就可以得到自由。杨开慧则毅然回答："死不足惜，唯愿润之革命早日成功。"她斩钉截铁地说："要我与毛泽东脱离关系，除非海枯石烂！"

这时，杨开慧的母亲找到蔡元培、章士钊等，请他们发电报保释杨开慧。军阀何键接电后，却下令马上行刑，并回复蔡元培等诡称接到电报前已经处决了。同时对外说如果毛泽东的堂客不杀，别的政治犯也都可以不杀。11月14日，杨开慧在长沙被杀害。

杨开慧这位中华女杰，为了她所珍爱的人，为了信仰，毅然割舍下老母亲和3个幼子，从容地走向刑场，英勇就义于浏阳门外识字岭，那年她仅29岁。

此时正在江西指挥红军进行反"围剿"斗争的毛泽东，得知杨开慧牺牲的消息，寄信给杨家说："开慧之死，百身莫赎。"他以所生的三个儿子的名字立碑："毛母杨开慧之墓，男岸英、岸青、岸龙刊。民国十九年冬立。"

20年后的1950年，当毛泽东、毛岸英父子俩聚首时，毛岸英说起当年在大狱中，妈妈杨开慧让只有8岁的他记住牢狱中的一切，将来见到爸爸时一定要告诉他。可见她当年是毅然决然地选择了牺牲。毛泽东热泪盈眶，他对毛岸英说："你妈妈是抛下年迈的母亲和三个孩子走向刑场的，这是常人多么不容易做到的事情啊！"

后来，杨开慧回答敌人审问时所说的"死不足惜，唯愿润之革命早日成功"，已成为广为流传又深入人心的佳话，在浩瀚长空中回荡。毛泽东听到后，也从心里为妻子能有如此高贵的品德和伟大的情操而产生一种由衷的钦佩。

瞿秋白 ◉

为共产主义勇于赴死

瞿秋白（1899—1935），中国共产党早期主要领导人之一，祖籍江苏常州。1917年9月考入北京俄文专修馆学习俄文，自修英语、法语，并研究文学和哲学。1919年成为五四运动的领导人之一。同年11月，与郑振铎等创办《新社会》旬刊。1920年参加由李大钊组织的马克思主义学说研究会。1922年加入中国共产党，1923年任中共中央机关刊物《新青年》《前锋》主编和《向导》编辑。1927年8月，在汉口主持召开中共八七紧急会议，会后任临时中央政治局常委，主持中央工作。1928年，参加共产国际第十次代表大会，当选共产国际执行委员，留驻莫斯科任中共中央驻共产国际代表团团长。1930年8月回国。从1931年夏至1933年秋，在上海和鲁迅一起领导左翼文化运动。1934年2月任中华苏维埃共和国中央政府人民教育委员。1935年2月24日在福建长汀县被国民党军队逮捕，6月18日在长汀县罗汉岭就义，时年36岁。

确立了为共产主义奋斗的信仰

瞿秋白是一个才华横溢的有志青年，深谙旧中国的腐败和黑暗，一直在寻找能够救国救民的真理。在北京求学期间，到北京大学旁听新文化运动领袖陈独秀、胡适的讲课，希望找到救国救民的真理。

1919年，巴黎和会中国外交失败的消息传到北京，全国的进步青年震惊、觉

瞿秋白和妻子杨之华在上海

醒，"外争主权，内除国贼"的五四爱国运动在北京爆发。瞿秋白和许多爱国的热血青年一道，积极领导参加了五四运动。5月4日当天，他带领俄文专修馆的同学参加了游行示威和火烧赵家楼的斗争。白天他上街讲演、贴传单；晚上，他还要参加各种会议。这些使他原本瘦弱的身体更是不好。但是，他全然顾不上，在各种讲演上总是奋不顾身，高亢的革命情绪深深地鼓舞着学生们，运动需要有这样的学生领袖。

6月3日，他带领俄专、汇文和铁路学校的学生参加罢课斗争，被军警逮捕入狱。狱中的他表现坚强，坚持真理的精神影响了许多思想进步的学生，后来被党组织设法救出。

五四运动使他的思想发生了深刻的变化，他耳濡目染苦难深重的旧中国，促使他去思考中国的各种现实问题，去探索中国的出路。瞿秋白与郑振铎等组织社会力量，创办了《新社会》旬刊，发表了一系列涉及社会、政治、哲学、思想和人生问题的文章，文章充满了强烈的对封建黑暗统治阶级的反抗思想。

为了寻找救国救民的真理，他于1920年参加了由李大钊倡导成立的马克思学说研究会，逐渐接受了社会主义的信仰，赞成用革命的武装手段从根本上清除旧社会残渣余孽的主张，并从此成为一个坚定的马克思主义者。1921年，瞿秋白受党组织派遣成为进步记者常驻莫斯科。在莫斯科的两年间，他担任过陈独秀的俄语翻译，见到了苏维埃人民委员会主席列宁，这让他为自己选择共产主义信仰而自豪。不久，由张太雷介绍，他加入了中国共产党。瞿秋白的才华和思想得到了陈独秀的赏识，组织上决定让他回国参加国内的革命活动，他欣然回到了祖国。

面对挫折不气馁

1927年，蒋介石背信弃义，发动了反革命政变，大肆屠杀共产党员和革命群众，使蓬勃开展起来的革命浪潮遭到了打击。全国陷于一片白色恐怖之中。

为了挽救革命，党中央召开了历史上著名的八七会议。确立了以革命的武装反抗反革命的武装的方针路线，瞿秋白主持召开了这次会议。但不久由于受李立三"左"倾冒险主义错误影响，广州革命暴动失败。瞿秋白作为年轻的中共中央领导人，面对错综复杂的形势，还缺乏应变能力和处理复杂问题的经验。瞿秋白对反革命的野蛮屠杀非常仇恨，于是他脱离现实地一味复仇，犯了"左"倾盲动主义的错误。瞿秋白是一个真诚的共产主义者，对自己所犯的错误作了深刻的检讨。没想到，以"左"倾机会主义者为代表的王明主持中央工作后，对瞿秋白进行了无情的陷害和攻击。对于王明的卑劣行为，瞿秋白痛恨至极，但拿这种小人也没有办法。这是瞿秋白一生最艰难的日子，对共产主义信仰的坚贞和对党的领导的不信任感日夜折磨着他，他思考着中国共产党的命运和自己人生的命运。这年，瞿秋白不得不离开领导岗位。

放下枪杆子，依然没有消减瞿秋白革命的信仰和热情。他来到上海，和鲁迅一道拿起革命的笔杆子，用革命的思想和理论与反动派继续进行舆论较量，领导左翼文化战线的同志与国民党进行不懈的斗争。

抱定了必死的信念

为了保存革命有生力量，中央红军不得不进行长征。由于受党内教条主义和宗派思想影响，瞿秋白、项英、何叔衡、张鼎丞、邓子恢等人被留在了苏区，在敌后坚持武装斗争。在敌情日益险恶的情况下，为了保护突围出去的红军，为了迷惑敌人，不让敌人发现中央红军大部队已转移，瞿秋白继续主编《红色中华》，仍以中共中央和中央政府机关报的面目出现。瞿秋白依然每天和大家一起爬山，沿途做宣传工作。晚上到达宿营地后，大家都休息了，他还要熬夜写稿审稿，以保证报纸按时出版。

不久，留守苏区的红军和敌人展开了游击战。1935年2月11日，红军途经福建长汀日牛庄岭时，被地主武装发现，报告了国民党保安十四团。战斗在山上打响，何叔衡壮烈牺牲。邓子恢带领一部分同志突围出去了，瞿秋白、张亮和周月林三人被敌人捕获。

一个多月过去了，敌人对瞿秋白严刑逼供，他都坚不吐实，运用自己的智慧坚守着希望。然而不幸的是，瞿秋白被一个红军叛徒出卖，并当场指认，瞿秋白再也无法"装"下去了。他大义凛然地对敌人说："瞿秋白是我，我就是瞿秋白。"说完他仰天大笑。

瞿秋白从来就是一个不怕死的人，参加革命多年来，他早已将个人的生死置之度外。

捕获了瞿秋白，使国民党将领宋希濂喜出望外。他知道，瞿秋白是中共的高级干部，而且是一个才华横溢的大才子。他曾在广州黄埔读过瞿秋白的文章，听过他的报告。现在，瞿秋白成了他的阶下囚。为了让瞿秋白公开投靠到国民党方面，对共产党造成重大的打击，宋希濂使出浑身解数。

宋希濂清楚，在瞿秋白被指认前，就经受住了严刑拷打。对瞿秋白这样的共产党的硬骨头再打也没有用，得用软硬兼施的办法来对付。

宋希濂命令属下先不必提审瞿秋白，提笔写下了"优裕待遇，另辟间室"八个字。

第二天，宋希濂来到囚室，假惺惺地对瞿秋白说："瞿先生，你身体不好，要先好好治病，我们对待战俘伤员实行的是人道主义，何况你我都是一国的同胞。"瞿秋白却厉声数说蒋介石1927年血腥镇压革命，不顾国难当头而发动五次反革命"围剿"，有何人道主义。瞿秋白义愤填膺的一顿反驳，把宋希濂噎得无话可说。宋希濂老奸巨猾地避开瞿秋白的话题，拿出香烟，递给瞿秋白说："瞿先生的生活和健康上有什么要求，就只管说，能办到的我一定办到。"

瞿秋白笑笑说："作为一个病人，我不反对看病吃药，作为半拉子文人，要写东西，需要笔墨纸张书桌。而且我写东西习惯上需要烟酒，但我身无分文，仅有的财物全被你们的人搜走了。此外，我住的房间阴暗潮湿，能不能换一间干燥点的屋子。"宋希濂连忙答应了他的要求。

宋希濂本以为用不同于对待其他共产党的办法可以使瞿秋白屈服，但他的确是想错了。宋希濂派来的军医陈炎冰反而被瞿秋白的革命精神气质所感化，在他的悉心看护下，瞿秋白的病情得到了控制；同时他也成了瞿秋白的好朋友，冒着危险为瞿秋白送出了写给郭沫若的一封信，为瞿秋白办了不少事。

这期间，瞿秋白花了6天时间，写就了那份后来引起莫大争议的《多余的话》。

看到《多余的话》前段，宋希濂大喜，他以为马克思列宁主义的坚定信仰者，情绪也会波动，思想也会动摇。但是当宋希濂把全文看完时，他呆住了。他看到瞿秋白对死泰然的坚定，抱定了必死的意念，没有任何求生的想法。他看到这个共产党人的硬骨头。

瞿秋白在文章里写道："……这世界对于我仍然是非常美丽的。一切新的、斗争的、勇敢的都在前进。那么好的花朵、果子，那么清秀的山和水，那么雄伟的工厂和烟囱，月亮的光似乎也比从前更光明了。但是，永别了，美丽的世界！"

宋希濂不死心，决定第二天提审瞿秋白，但他大败而归。

生死面前大义凛然

这是一段宋希濂的回忆录，瞿秋白是这样对待审问的：

"我希望我们能开诚布公地谈谈。"宋希濂问。

"谈什么？你发问吧。"瞿秋白不耐烦地说。

"你正在写什么，可以谈谈吧。"宋希濂顺水推舟。

"写完后可以公之于众，也会送给你看的。但是，这里边没有共产党的组织名单，也没有红军的军事情报。如果你今天要问的是这些，那是会白费时间的。"

瞿秋白紧接着说："孙先生顺乎潮流，合乎民意，果断地确定了联俄、联共、扶助农工三大政策，实现国共两党合作，重新解释了三民主义学说即新三民主义，在当时的确起着推动中国历史前进的作用。但时至今日，蒋介石背叛革命，屠杀人民，是名副其实的法西斯，还有什么资格谈论三民主义呢？至于共产主义学说，在苏联正在变成现实，在中国也为觉悟了的农工民众所接受，而为蒋介石所深恶痛绝，也可以说是心惊胆战！要不然，蒋介石何以要运用百万兵力一次又一次地'围剿'苏区呢？所谓共产主义不适合中国国情，更是历来各种反共分子都在弹的陈词滥调。好了，我还是那句话，现在争辩这些不合时宜，你我都不必浪费时间了吧！"

瞿秋白讲完起身要走，宋希濂却缓慢而冷冷地说：

"瞿先生，共产主义在中国能不能行得通，不是高谈理论，而是要看事实！"宋希濂接着又说，"请看当今党国政令一统天下，委员长秉承先总理的宗旨，实行三民主义，全国民心归顺，乃大势所趋。共产党自民国十六年之后，苦心经营了若干山头，如今已荡然无存。以至于像瞿先生这样的头面人物，也落到今天这种地步。共产主义如能救中国，何以这样奄奄一息，濒于绝境？你既不愿争论这些，我也就说到此为止。但我想郑重地提醒你的，是别忘了眼下你自己的

江苏常州瞿秋白纪念馆的瞿秋白铜像

瞿秋白就义前留影

处境。时至今日，你还没有对我们讲一点有关共党和'匪区'的有价值的情况，这对你是很不利的！"

瞿秋白回答："我对自己目前的处境，十分清楚。蒋介石决不会放过我的，我从被认定身份之后就没有打算活下去。我唯一的希望，是让我把要写的东西写完，我剩下的时间不多了。我应该感谢宋先生的是，你在生活、医疗上优待我，使我有条件完成我要做的最后几件事。但是，宋先生，我郑重地告诉你，如果你想借此完成蒋介石交给你的任务，那将一定是徒劳的。好了，纸已戳穿，我们的谈话也该结束了。"

宋希濂使出的所有招数都以失败而告终。蒋介石见无计可施了，最终给宋希濂下达了处死瞿秋白的命令。

上刑场那天，瞿秋白像往常一样，收拾利落，泰然自若地准备走向刑场。

他写道："人生有小休息，有大休息。今后我要大休息了。"写罢，他昂首走出了囚室。

一路上，悲怆的歌声在山岭上空回荡。

刑场设在离公园约500米的罗汉岭下。一路上，瞿秋白分别用俄文和中文高唱《国际歌》：英特纳雄耐尔，一定要实现！并高呼"中国共产党万岁！""中国革命万岁！""共产主义万岁！"

他盘腿而坐，和刽子手面对面，笑饮敌人的子弹。

瞿秋白同志在国民党淫威面前，视死如归的大无畏革命气概，表现出了对马克思主义矢志不渝的追求。他高尚的共产主义情操，为人民舍生忘死的革命精神，永远值得后辈们怀念。

刘胡兰 ❶

『生的伟大，死的光荣』

刘胡兰（1932—1947），山西省文水县云周西村人。8岁参加儿童团，13岁参加中共文水县委举办的妇女干部培训班。1946年她回到云周西村做妇女工作，并被批准成为中共候补党员。1946年12月21日，刘胡兰参与了暗杀云周西村村长石佩怀的行动。1947年1月12日，阎锡山的军队包围了云周西村，刘胡兰被逮捕，死在敌人的铡刀之下，时年只有15岁。刘胡兰牺牲后，被中共晋绥分局追认为中共正式党员。毛泽东为其题词"生的伟大，死的光荣"。

加入中国共产党是最大的心愿

顾县长为了掩护撤退的老百姓，光荣牺牲了。刘胡兰一下呆住了，眼泪不由自主地流了下来。她想起顾县长来村子里开会时的情景，想起他高大威武的身影，想起他用洪亮的声音说："一定要把日本鬼子赶出中国去！抗日战争一定会取得最后胜利！"这样的好人怎么就会死了？刘胡兰想不明白。但刘胡兰心里暗暗下定决心，长大要杀鬼子，为顾县长报仇。

从这以后，刘胡兰经常为村干部们做事。一有敌人来，刘胡兰就给开会的干部通风报信；干部们开会时，刘胡兰就坐在大门口为大家放哨。村干部都夸奖刘胡兰又机灵、又懂事。刘胡兰慢慢从人们赞赏和鄙夷的语言里，分辨出什么是对，什么是错；什么样的人是好人，是英雄，什么样的人是坏人，是软蛋。她特别佩服那些在敌人面前英勇不屈的人。

在夏末秋初的一天，胡区长带着两个小通讯员到云周西村来。这两个小通讯员一个叫武战魁，一个叫王士信，年纪不过十五六岁。第二天，天快亮时，敌人偷袭村庄，两个小通讯员为了掩护区长突围，一边开枪，一边大叫着吸引鬼子。最后，他们打死打伤了五六个敌人，自己也壮烈牺牲了。

这对刘胡兰产生了很大的震动。就在昨天，刘胡兰还和他们两个有说有笑地逗着玩，只过了一个晚上，没想到就阴阳两隔了。刘胡兰望着两个小战士的遗体，暗下决心要成为和他们一样的人。

1942年，10岁的刘胡兰担任了云周西村的儿童团团长。她像个小大人一样，认真地站岗、放哨、查路条，还向每家每户的大人们发传单、送情报。儿童团还按照上级组织的安排，悄悄监视汉奸地主的活动，随时向上级报告。他们还协助八路军侦察敌人的情况，掩护抗日政府干部过境等。刘胡兰小小年纪，就为抗战事业做了许多力所能及的工作。

1945年8月15日，日本投降了，全国人民欢欣鼓舞，人们敲锣打鼓庆贺抗战的胜利。9月1日文水县城也宣布解放了。10月，中共文水县委决定举办妇女干部训练班，为当地培养更多的妇女干部。

刘胡兰克服阻力参加了妇女训练班。学习结束以后，她的思想觉悟有了很大的提高，原来她对一些革命道理只是有一些模糊的认识，培训班结束后，刘胡兰能把许多革命道理深入浅出地讲给大家听。回到村子里以后，按照上级的指示，刘胡兰担任了代理妇联主任。她在村里搞宣传，办学习班，组织妇女做军鞋，工作非常积极。但是村子里的妇女见刘胡兰年纪小，就有意为难她。在重重困难面前，刘胡兰没有知难而退，而是勇敢地挑起了这副重担。她挨家挨户做工作，耐心地说服一些对革命工作不理解的群众，把工作干得非常出色。一次，刘胡兰组织大家为部队做军鞋，有一双军鞋拿起来轻飘飘的，刘胡兰坚决不收。那个妇女依仗着和村里干部关系不错，找人来说情。刘胡兰当众把那

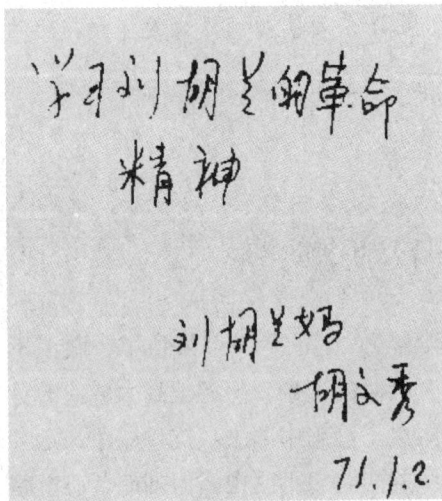

学习刘胡兰的革命精神

刘胡兰妈
胡文秀
71.1.2

刘胡兰母亲为刘胡兰题词

双鞋当中劈开一看,鞋底里面垫的居然都是草纸!那个干部无话可说了。刘胡兰组织村民严厉地批评了那个妇女,也教育了大家。虽然刘胡兰年龄小,但她做事认真,每次上级交给的任务,她总是第一个完成。她的工作得到了领导和群众的认可,大家都说刘胡兰是一个合格的妇女主任。

1946年5月,她调任第五区任抗联妇女干事。这主要有几方面的原因,一是区妇联人少事多,忙不过来;另一方面区干部们都认为刘胡兰工作积极,而且品质好,是重点培养的目标。刘胡兰到区里工作后,积极参加土改工作,她经常到群众中去访贫问苦,结识了不少贫苦农民做朋友。她自己也在工作中受到了深刻的教育。在土改工作的后期,刘胡兰提出了入党申请。鉴于刘胡兰工作中的突出表现,6月,区委会正式讨论了刘胡兰的入党问题。刘胡兰年纪太小,全体同志一致同意吸收刘胡兰为中国共产党候补党员,等到她年满18岁时再转为正式党员。这一年,她才14岁。

入党后,云周西村的土改工作也开始了。刘胡兰被调回云周西村领导当地的土改运动。刚开始的时候,有的村民有思想顾虑,刘胡兰就耐心地给大家讲革命道理。有一位村子里最贫苦的老长工,刘胡兰他们几次上门做工作都碰了"软钉子"。刘胡兰不气馁,天天陪着他下地、拔草、摘棉花。她的真诚终于感动了这位老长工,他站出来,大胆地揭露了地主的罪行。云周西村的土改取得了最后胜利,地主被打倒了,贫苦农民要回了自己的土地,多年的梦想实现了。

为革命而死,死的光荣

1946年秋天,国民党军队大举向解放区进攻,当地的地主武装也乘机猖狂反扑,文水地区的革命组织面临非常大的危险。文水县委决定,只留少数武工队坚持斗争,大批干部尽快转移上山。刘胡兰也接到了转移的通知,可是她坚决请求留下来坚持斗争。上级领导经过考虑,觉得刘胡兰人熟地熟,又入党不久,知道她是共产党员的人不多,再加上她家住本村,年纪又小,不会引起敌人注意,就批准了她的请求。

这位年仅14岁的女共产党员,在白色恐怖笼罩下的艰苦环境里,在已成为敌区的家乡往来奔走,秘密发动群众开展斗争,配合武工队打击敌人。她将战斗中受伤的伤员们隐蔽在军属家,用自己平时节省的钱给他们买药治伤,并精心护理直至他们痊愈归队。当时,云周西村的村长石佩怀,帮助阎锡山的军队向老百姓派粮派款,并给阎军通风报信,迫害革命群众。老百姓都对他恨之入骨。1946年12月,刘胡兰配合武工队员将其秘密处决,这极大地鼓舞了人民群众的斗志。

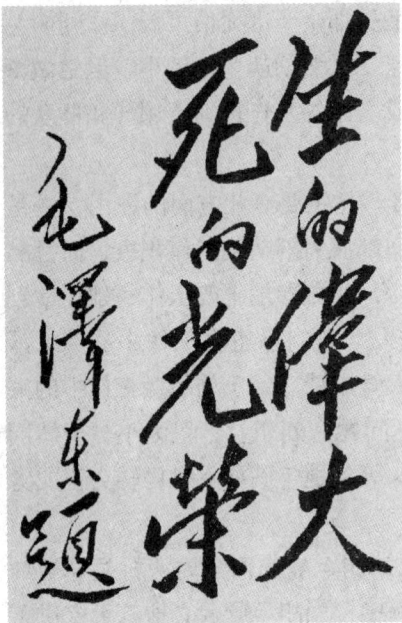

毛泽东为刘胡兰题词

人们暗地里高兴地说："咱们的队伍没有走远。""八路军很快就要回来了！"这件事对那些地主、汉奸起了很大的威慑作用，就连一些平时耀武扬威帮敌人做事的人，也收敛了许多。

此事让阎军恼羞成怒，决定实施报复行动。12月，敌人频繁出击云周西村。这天，敌人又来到了云周西村，强令全村群众到观音庙集中，家里人都劝刘胡兰躲一躲。刘胡兰知道金钟嫂正在坐月子，就想到她家暂避一时。没想到金钟嫂家里已经有好几个人了，而敌人一遍又一遍地敲锣叫嚷，每家只准留一个人。为了不连累群众，刘胡兰毅然来到了观音庙前。

一个叛徒在人群中认出了刘胡兰，敌人端着刺刀来到她面前。刘胡兰镇静地把奶奶留给她的银戒指、八路军连长送的手绢和作为入党信物的万金油盒，这三件宝贵的纪念品交给继母后，推开敌人拉她的手，严肃地说："别拉扯，我自己会走。"说完她把头一扬，大踏步向观音庙里走去。敌人当场又抓捕了石世辉、陈树荣、刘树山、张年成等人。敌特派员张全宝看刘胡兰只是一个小姑娘，在审讯中，千方百计想诱使她供出同党，并说如果"自白"了就许给她家一份土地，村里可以派人耕种，收下的粮食全由她自由支配。但是，刘胡兰的回答很坚决："不知道！""知道也不告诉你！""给我个金人也不要！"看刘胡兰软硬不吃，敌人接着又以死相逼。刘胡兰昂首挺胸、义正词严地说："怕死就不当共产党！"

敌人恼羞成怒，把刘胡兰拉到会场里。敌人先是大肆叫嚣着污蔑共产党是"奸党"，是"共匪""赤匪"，又污蔑八路军杀人放火、无恶不作。群众对敌人的话根本不理，共产党、八路军的所作所为，大家都看在眼里，根本不相信阎军说的话。敌人气得火冒三丈，"钩子军"的连长许得胜，叫人抬来三口大铡刀，威胁被抓的党员、群众"自白"。敌人宣读了这些人的所谓罪行，并问老百姓，这些人是好人还是坏人。百姓们齐声喊："好人！是好人！"敌人后悔这样问老百姓，恼羞成怒地喊道："老子就知道云周西村没好人！"然后指使叛徒先杀害石三槐、石六儿。敌人故意让刘胡兰看他们用铡刀铡人的场面，并且逼问她：“自白不自白？”刘胡兰的脸上毫无表情，仿佛根本没听见敌人在说什么。敌人见刘胡兰根本不害怕，就又用铡刀铡死了张年成、石世辉、刘树山和71岁的陈树荣。敌连长问她：“现在轮到你了，你是要死还是要活？”刘胡兰鄙夷地看着敌人，坚定地回答：“死也不投降！”她镇定自若地问：“我怎个死法？”敌连长狂叫：“一个样！”刘胡兰理了理两鬓的头发，整了整头上的毛巾，昂首阔步向刑场走去。她踏着烈士的鲜血，走到了铡刀前，从容地躺在了铡刀上。敌人的铡刀残忍地落了下来，未满15周岁的刘胡兰英勇地牺牲了。

刘胡兰视死如归的精神，极大地鼓舞了革命同志的斗志。1948年，解放战争取得了决定性胜利。1949年4月24日，山西最后一个阎军的老巢被铲除了。1951年，在全国大张旗鼓地“镇压反革命”的运动中，杀害刘胡兰的凶手许得胜、张全宝、侯雨寅被抓获。5月19日，在刘胡兰牺牲的地方，召开了公审大会，枪决了张全宝、侯雨寅（许得胜之前已被镇压），为刘胡兰等7位烈士报了仇！出卖刘胡兰的叛徒也得到了应有的惩罚。

1947年2月4日至18日，延安来的慰问团副团长张仲实，在文水县活动期间，看到并详细了解了刘胡兰的事迹后非常感动。很快，他将刘胡兰的英雄事迹向党中央作汇报。1947年3月，张仲实返回陕甘宁边区，又向任弼时同志汇报了刘胡兰英勇就义的事迹，并说：“最好请毛主席写个匾或题几个字。”毛泽东听取任弼时的汇报后，于1947年3月26日题写了“生的伟大，死的光荣”8个大字。但是这幅题字送达文水县后，却因为战争原因不慎遗失了。

山西文水县刘胡兰纪念馆的刘胡兰雕像

1956年12月，共青团山西省委，作出"纪念刘胡兰就义10周年"的决定，同时恳请毛泽东主席再次为刘胡兰烈士题词。12月底，杨小池带着共青团山西省委的报告来到北京，请团中央办公厅转交中共中央办公厅，并将此报告呈交给毛泽东。1957年1月11日，山西省委办公厅正式通知团省委：毛主席为刘胡兰重写的题词已经到了省委。

毛泽东为同一件事、同一个人，题两次同样内容的词，这在历史上是绝无仅有的。毛泽东第二次的题词手稿，现珍藏于山西省档案馆。"生的伟大，死的光荣。"这是对刘胡兰短短一生的总结，也是对她革命功绩的崇高评价。

舍身炸碉堡的人民英雄

董存瑞 ●

董存瑞（1929—1948），河北怀来县人，东北野战军第11纵队32师96团2营6连2排6班班长，1945年8月参军，1947年入党，先后荣立大功三次、小功四次，荣获勇敢奖章三枚、"毛主席奖章"一枚。1948年在解放隆化的战斗中，舍身炸碉堡，英勇牺牲。

战斗中锤炼自己

董存瑞出生于河北省怀来县贫苦农民家庭。11岁参加儿童团，被选为儿童团长。15岁，成长为一名出色的小民兵。1945年7月，董存瑞光荣地成为一名人民军队的战士。为了解放全中国，部队奉命东进，配合主力部队夺回伪军据点。10月，董存瑞所在部队参加了解放赤城的战斗。战斗中，六连担任警戒。当敌人从东城墙上顺绳子滑下去逃跑时，董存瑞勇敢地追上去，和战友们一块缴获了三挺歪把子机枪。察哈尔省最后一个"白点"被消灭了，部队又直奔热河。当部队走到堂子沟时，与敌人骑兵团相遇。开火后，敌人搞不清情况，仓皇逃跑。董存瑞猛追猛打，缴获了一挺机枪、一支手枪、三匹马。晚上部队宿营，发现前面有敌人，首长派董存瑞班去侦察。董存瑞悄悄爬到敌人堆里，出其不意地用手榴弹把正在睡觉的敌人消灭了。几次战斗，董存瑞表现勇敢，受到营、团的表扬。

1946年初，国共双方签订"停战协定"。我军严格执行停战命令，董存瑞所在部队转移到怀柔一带整训。通过学习，董存瑞认识到内战是不可避免的，懂得了要打胜仗就得练出真本领。于是，他苦练射击、刺杀、投弹和突击四大技术。

经过不间断地刻苦练习，终于练出了惊人的成绩，成为投弹能手。

在一次战斗间隙，董存瑞正和战友们蹲在地上吃饭，忽然看见离他们不远处有一个小孩，用手指勾着一个拧开盖的手榴弹跑过来，一个趔趄摔倒了，手榴弹摔到地上正在冒烟。董存瑞扔下饭碗冲上去，抓起即将爆炸的手榴弹甩出去，回身用身体护住小孩。随着一声巨响，小孩和战友们都得救了，避免了一次伤亡。

有一年夏天，国民党还乡团到董存瑞驻地村子抢粮。敌我双方各占据一个大院向对方射击、投弹，由于房屋阻隔，双方都伤亡不大。正在相持不下之际，董存瑞爬到房上，把手榴弹接二连三地向敌人院里投去，一连投了四五十个，炸得敌人死的死、伤的伤，余下的敌人丢盔卸甲，仓皇逃走。在人民军队这所大熔炉里，优良革命传统的濡染、领导和战友的帮助教育、硝烟的熏陶、战斗的锤炼，使董存瑞这块好铁很快成为一块锋钢。

屡建奇勋立大功

1946年6月，全面内战爆发。9月29日，国民党集中了一个军的兵力，向我延庆疯狂进攻，企图通过延庆攻占张家口。董存瑞所在部队参加了延庆阻击战。这是董存瑞参军后所打的第一次大仗。战斗开始，敌人先集中10门大炮，向我阵地发射了上千发炮弹，接着出动8架轰炸机，轮番轰炸扫射。阵地硝烟弥漫，尘土蔽日。战士们虽然缺乏阵地防御经验，但是他们凭着"寸土必争"的坚定信念扼守着阵地，坚持苦战。轰炸一停止，敌人十几辆坦克，掩护步兵向我阵地进攻。当敌人距我前沿只有30米远时，部队开始还击。工事已被敌人炸平了，仅存一条小沟。董存瑞跪在沟里，一手拿两三个手榴弹同时甩。他还和战友们用瓶子装上汽油、雷管打敌人的坦克。密集的火力打得敌人败退下去。董存瑞立即抢修工事，搜拣敌人弹药，把手榴弹盖拧开摆在沟沿上，准备迎击敌人新的进攻。他们坚守阵地，打退了敌人一次又一次的进攻。

战斗进入第十天，敌人在猛烈炮火掩护下，又发起冲锋，有的已经爬上了五连的阵地。董存瑞和六连两个班冲了过去。他用刺刀把冲在前面的大个子敌人刺死在阵地前，战友们一个个也向敌人刺去，敌人抱头鼠窜，又退了下去。

第十五天，敌人再次组织更疯狂的冲锋。战斗从上午持续到黄昏，班长中弹昏迷过去。这时，敌人已冲到跟前了，董存瑞大喊一声："同志们，听我指挥！"说着，他端起刺刀跳出战壕，眼里喷射着仇恨的烈火，如同猛虎下山杀向敌人。战士们也端着刺刀冲入敌群，敌人连滚带爬地逃了回去。天黑了，上级下达了转移的命令。董存瑞拣来一大堆敌人尸体上的手榴弹，隔几分钟扔出几个，迷惑敌人，直至同志们撤出阵地，他才离去。

经过十五昼夜的苦战，战士们拖住了敌人，赢得了时间，掩护了地方政府和主要物资的转移，胜利地完成了阻击任务。部队受到萧克司令员的嘉奖，六连受到师里奖励。董存瑞主动出击，作战勇敢，荣立大功一次。

部队生活极其艰苦。有时一天要打几次仗，转移数次，战斗频繁、给养又无保障。在艰苦的环境中，董存瑞充满了乐观情绪，思想坚定。他总是忙忙碌碌，乐乐呵呵，稍有空闲，嘴里就哼上几句小曲儿。有时，他还给战友们讲红军爬雪山过草地的故事。不能烧火做饭时，他带头嚼吃生小米。行军累了，他就出个洋相，讲句笑话，逗得大家哈哈大笑，驱散了劳累和沉闷。他活跃在战友们中间，鼓舞了同志们的斗志，和同志们共同度过了艰苦战斗的岁月。1946年4月初，在察北重镇独石口遭遇战中，他机智地夺下敌人的一挺机枪而被记大功一次，被部队授予勇敢奖章。

1947年初的长安岭阻击战，他在班长牺牲、副班长受重伤的情况下，挺身而出，自任班长，如期完成了狙击任务，又立大功一次。经过党的培养教育和战火锤炼，董存瑞在两年多时间，立过三次大功、四次小功，荣获三枚勇敢奖章和一枚"毛泽东奖章"。

1947年3月，在平北整训期间，董存瑞光荣地加入了党组织。1948年春，在新式整军运动中，董存瑞带领的六班被师部誉为"董存瑞练兵模范班"。在实战演习中，董存瑞把身旁一颗冒白烟的手榴弹甩了出去，避免了一次伤亡事故，获得师级"模范爆破手"的光荣称号。

英雄舍身炸碉堡

1948年5月，为配合即将开始的辽沈战役和华北战场杨罗耿兵团东进，董存瑞所在的第十一纵队奉命攻打隆化。24日，六连召开攻打隆化的战前动员大会，董存瑞被选为爆破组组长。

5月25日晨5时25分，总攻命令下达，董存瑞所在的六连担任主攻，从城东北向隆化中学外围工事运动。敌军的机枪严密封锁着他们前进的道路。六连火力组、突击组、爆破组、支援组互相配合，很快地攻破了隆化中学东北面的旧衙门碉堡群。董存瑞带领爆破组连续爆破了敌人4个炮楼、5个碉堡，胜利地完成了扫清隆化中学外围工事的任务。

下午3点30分，第二次总攻开始。六连向隆化中学发起冲锋。突然，敌人的

河北怀来县董存瑞烈士纪念馆

机枪像暴雨般横扫过来，把战士们压在一条土坡下面，抬不起头来。原来，这是隆化中学东北角横跨旱河的一座桥上喷出来的6条火舌。狡猾的敌人，在桥上修了一个伪装得十分巧妙的暗堡，拦住了我军冲锋的道路。冲在前面的同志倒下去了，爆破组派上去三名同志，都未能完成任务，董存瑞和战友们纷纷向连长请战，要求把这座桥型暗堡炸掉。

白副连长命令董存瑞去炸碉堡。董存瑞挟起炸药包，弯着腰冲了出去。在郅顺义火力掩护下，他一会儿匍匐前进，一会儿又借着郅顺义扔出的手榴弹的烟雾，站起来一阵猛跑。桥型暗堡里，敌军的机枪越打越紧，子弹带着尖利的啸声，从他的耳边掠过。在快要冲进开阔地时，董存瑞指着前面的一个小土堆，对郅顺义说："你就在这儿掩护!"一阵手榴弹把敌人碉堡前的鹿砦、铁丝网炸了个稀巴烂。敌军的机枪又慌忙朝他打过来，董存瑞扑倒了，郅顺义站起正要向前冲去，突然，只见董存瑞猛地爬起来，一阵快跑跳进旱河沟里，进入了敌军的火力死角。他抱着炸药包迅速猛冲到桥下。他的腿受了伤，鲜血直流。

桥离地面有一人多高，两旁是砖石砌的，没沟、没棱，哪里都没有安放炸药包的地方。如果把炸药包放在河床上，又炸不着暗堡，河床上又找不到任何东西代替炸药包支架。怎么办? 突然，身后响起了嘹亮的冲锋号声，总攻的时间到了。此刻，董存瑞毅然用身体作支架，左手托起炸药包，右手拉燃了导火索。一声天崩地裂的巨响，敌人的暗堡被炸毁，董存瑞用自己19岁年轻的生命为部队开辟了胜利的道路。

中国的『丹娘』，永远的丰碑

江竹筠（1920—1949），四川省自贡市人，10岁给资本家当童工，1939年加入中国共产党，1945年与彭咏梧结婚，婚后负责中共重庆市委地下刊物《挺进报》的组织发行工作，曾任中共川东临时委员会委员、地委副书记。1948年6月14日被叛徒出卖，在万县被捕，关进国民党军统的重庆渣滓洞监狱，受尽酷刑坚贞不屈。面对敌人酷刑折磨和死亡威胁，她坚持革命气节，坚守党的秘密，表现了共产党人崇高的革命品德。1949年11月14日被敌人杀害并毁尸灭迹。

心甘情愿地执行一种特殊任务

1943年5月，江竹筠回到重庆，党组织交给她一个重要的新任务——与彭咏梧同志假扮夫妻。江竹筠来到彭咏梧的身边，两人虽然从来没有见过面，但却并不陌生，因为她的直接领导——新市区区委书记魏兴学，就是彭咏梧的直接下级。江竹筠任新市区区委委员时，彭咏梧正担任这一地区的领导。没想到，现在他们竟然是组织上安排的一对"假夫妻"了！江竹筠把彭咏梧介绍给别人时，称他为"四哥"，亲友们也随着她这样称呼。从来没有恋爱经历的江竹筠，这"假夫妻"让她内心真的不易接受：四哥只有30多岁，与他长期在一起生活，以后让我怎么再找对象呢？假如时间一长，我真的爱上了彭委员可怎么办呢？他可是个有家室的人哪……不是没有顾虑，只是江竹筠改不掉"组织上交给的任务必须坚决执行"的作风，她毅然地接受了这份特殊任务。

工作不要命的彭咏梧，患有严重肺病，邻居们经常看到身材娇小的江竹筠，提着篮子购买各种富有营养的菜。渐渐地，原来脸色苍白的彭先生，面色慢慢红润起来。他经常哼着愉快的小曲，与江竹筠手挽手，有说有笑地一起出去散步。"真是一对恩爱小夫妻！"邻居们都这么说。江竹筠听了这样的话，脸上禁不住发烧。慢慢地，江竹筠也深深地恋上这个"家"：这里既是一个市委的秘密机关，又是国民党统治区的一个红色据点。关起门，她能自由地阅读党的文件，不懂的地方可以随时向"四哥"请教；走出"家"门，他们可以手挽手，去周旋各种风雨。"四哥"不经意间流露出的每一份关心和呵护，总让江竹筠怦然心动……

1944年的春天，江竹筠同另一位同志一道去《新华日报》营业部购买苏联小说《虹》。从报社出来后，他们发现被特务跟踪了。费了一番周折，他们终于甩掉了尾巴。党组织知道此事后，为了保障市委机关的安全，决定让他们先离开重庆，转移到成都。江竹筠在毫无准备的情况下，突然离开了这个纯洁无瑕、温馨惬意而又充满戏剧色彩的"小家"。

1944年5月，江竹筠来到了重庆。为了能够彻底摆脱特务的跟踪，经过反复商量，组织上决定让她去考四川大学。但是，江竹筠只读过一年半高中和一年会计学校，并且已经辍学三四年了。而现在距离考试时间只有两个月了，投考大学困难不少。江竹筠则表示："拼命也要拿下这个阵地。"四哥也来信鼓励她，这使她更增强了必胜的信心。从此后，她每天除了吃饭，很少离开房间。在闷热的宿舍里，她挥汗如雨地坚持读书。经过两个月刻苦地学习，她终于实现了自己的诺言，考上了四川大学。

1944年秋，江竹筠开始了她的大学生涯。进入大学的第一件事，就是给妈妈（党组织的代号）写信，她要按照妈妈的要求读好书，取得优异成绩……她所说的优异成绩，不仅是学好知识，更重要的是做好群众工作。为了完成党交给的"勤学、勤业、勤交友"的任务，江竹筠一方面努力学习文化知识（成绩总是名列前茅），另一方面在学校里不断发现和接近进步学生，关心和爱护他们。她结识了一大批进步同学，一部分同学后来成了革命战友。

1945年上半年，组织上批准她和彭咏梧结婚。"竹，组织已经同意我们正式结婚了！"当彭咏梧把这个消息告诉江竹筠时，江竹筠一时不敢相信这是真的。1945年暑假，江竹筠终于见到了分别半年的四哥，两人万分激动，彼此更加恩爱。在此期间，他们也目睹了全国人民庆祝抗战胜利的狂欢场面，心情格外激动。

"蜜月"之后，江竹筠又要回到成都继续学习了。这时，她获得了一份意外的礼物——她怀孕了，这让江竹筠激动不已。1946年春天，江竹筠分娩时难产。在做手术前，江竹筠做出了大胆的决定，请求医生将绝育手术和剖腹产手术同时做。那个年代，讲究的是多子多福，生头胎就做绝育手术，这样的事在当时几乎是不可能的。然而江竹筠想的是，地下斗争这么残酷，她和老彭随时都准备为革命牺牲，所以，她只能忍痛割爱！

当彭咏梧赶来，得知妻子做了绝育手术时，虽然难过，却很能理解江竹筠的决定。彭咏梧望着儿子说："孩子是云阳人，又出生在这风云变幻的年代，就叫彭云吧！"

彭咏梧很快又回到了重庆，江竹筠也带着出生才三个月的儿子彭云，于1946年7月中旬回到了重庆。江竹筠以丈夫的名义，在大梁子青年会的三楼租了一套住房。现在，他们可以有个正式的家了，既为工作，也为三口之家。为了便于外出活动，江竹筠必须有个社会职业，于是在舅父的帮助下，她在舅父和冯玉祥合办的敬善中学做了兼职会计。这样，不仅有了一定的收入，而且行动自由，工作起来更加得心应手。

为了更好地掩护身份，江竹筠主动放弃以前与三舅之间的隔阂，经常带着彭咏梧和小彭云到三舅家造访。许多人都知道这个与上层社会关系不一般的家庭，有这样一门亲戚。三舅李铭义很喜欢这位风度翩翩的甥婿——彭咏梧。另一方面，彭咏梧因工作需要，也常带着江竹筠去出席许多无聊的社会应酬。在人们的眼中，他们俨然是一对大方潇洒、爱玩会玩的年轻夫妇，谁也不知道他俩的真实身份。

为保护党的组织而坚贞不屈

1948年1月，彭咏梧在领导川东地区武装暴动中不幸牺牲。悲恸万分的江竹筠尽管知道自己的处境亦很危险，但她强忍悲痛，毅然决定留在重庆，接替丈夫的工作，她说："这条线的关系只有我熟悉，别人代替有困难。……我应该在老彭倒下的地方继续战斗。"江竹筠来到万县地方法院会计室当职员。不料，端午节过后，叛徒冉益智在万县杨家街口抓了川东临委副书记涂孝文。很快，涂孝文就叛变了，他出卖了万县、开县和宜昌的大批同志。1948年6月14日，江竹筠刚走到街口，就遇见了叛徒冉益智带着便衣特务从两侧夹击过来。江竹筠被捕了。在敌人押解途中，江竹筠悄悄告诉同时被捕的同志："现在是我们接受考验的时候了，不要承认是党员，不要牵连任何人，不要多说话……"并且利用大声斥骂叛徒的方法，通知党组织"涂孝文叛变了"。

6月下旬，江竹筠被押解到重庆渣滓洞集中营。特务头子、西南行辕第二处处长徐远举亲自审问她。徐远举从叛徒口中得知，江竹筠是川东游击队政委兼下川东地委副书记彭咏梧的妻子和助手。他妄图从这个年轻的女共产党员身上找到"缺口"，以破获重庆地下党组织。谁知他问了半天，得到的回答只有"不知道""不认识"，到后来江竹筠干脆一句话也不说了。特务们对她用尽了酷刑——老虎凳、吊索、带刺的钢鞭、撬杠、电刑……甚至把竹签子钉进她的十个手指甲。面对敌人的严刑拷打，江竹筠始终坚贞不屈，"你们可以打断我的手，杀我的头，要组织是没有的"。

难友们看见她鲜血淋漓的双手，心疼极了。大家为她找来牢房里仅有的红药水、布条、盐水，为她包扎和消毒。男牢房里的同志，利用放风的时间，把用竹签子沾着红药水、自制黑炭写成的慰问信和颂扬的诗歌，悄悄丢进她的牢房，称赞她是"中国的丹娘"，鼓舞她与敌人作不懈的斗争。江竹筠读着这些信和诗，心情无比激动，由于手不能动，她请同室的难友帮她写了回信："……毒刑拷打，那是太小的考验。竹签子是竹子做的，共产党员的意志是钢铁铸成的！"

江竹筠与彭咏梧和孩子

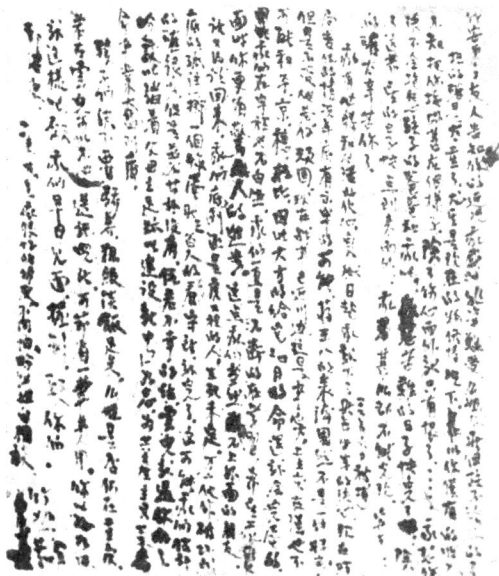

江竹筠在狱中写给儿子的遗言，信中嘱咐亲人："孩子们决不要骄（娇）养，粗服淡饭足矣……"

像丹娘一样战斗到生命的最后一息

江竹筠入狱前后，解放战争取得了伟大的进展。无论敌人怎样封锁，胜利的喜讯，还是隐隐约约地透过铁窗传进来。这极大地鼓舞了难友们的革命热情和斗争精神。

渣滓洞监狱里的斗争一直没有停过。1948年6月，因特务拳打难友张怒涛，爆发了全狱的第一次绝食斗争；同年6月，江竹筠受刑引起全狱的慰问活动；11月，全狱难友悲愤地举行了龙光章同志的追悼会；1949年1月，悼念彭咏梧逝世一周年；2月，春节联欢并追悼彭汝松活动；6月，饮水事件；7月，庆祝党的生日；追悼许建业遇害一周年；陈作仪烧报纸事件。一年左右，在监狱里就发生了十次集体行动，增强了难友们团结战斗的信心和革命意志。

1949年秋，中国人民解放军在全国取得了决定性胜利，只剩下西南几省还没解放。同年8月和11月，蒋介石两次带着特务头子毛人凤来重庆，亲自布置杀害革命者。毛、徐经过合谋，提出分两批杀害41名共产党负责干部和5名民革主要成员的计划。

1949年11月14日，上午9点左右，一群武装特务凶神恶煞地出现在女牢门口，高叫："江竹筠、李青竹赶快收拾行李，马上转移。"江姐预感到敌人可能要杀害她们。她镇静地换上自己的旗袍，梳了梳头发，用沉静的目光向难友们点头告别。敌人押解着江竹筠等人走上一条人迹罕至的荒凉小径，她明白这是为革命献身的时候了。她把千言万语凝结为两句响亮的口号："中国共产党万岁！""打倒反动派！"同行的难友们一起高呼起口号。刽子手们被吓慌了，还没到刑场就开了枪。在一片口号声中，中华民族的优秀儿女、中国共产党的优秀党员江竹筠和31位革命英烈倒在了血泊中。他们的鲜血染红了山上的红岩，江竹筠这位从一名被压迫的童工成长起来的革命战士，献出了她年仅29岁的生命。江竹筠生前最崇拜苏联女英雄丹娘，狱中难友们把她称为"中国的丹娘"，是对她革命的一生和坚贞不屈的可贵品质最恰如其分的赞扬。后来，"中国的丹娘"这一称号永远归属了江竹筠。

江姐在临刑之前曾经写下遗书，被悄悄带出监狱。这封信是写给江姐的表弟谭竹安的。信中说："我们有必胜和必活的信心，自入狱日起（上一年6月），我就下了两年坐牢的决心，现在时局变化的情况，年底有出牢的可能……我们在牢里也不白坐，我们一直是不断的在学习……我们到底还是虎口里的人，生死未定……假若不幸的话，云儿就送给你了，盼教以踏着父母之足迹，以建设新中国为志，为共产主义革命事业奋斗到底。孩子们决不要骄（娇）养，粗服淡饭足矣……"

人们都说革命战士是钢铁铸成，其实英雄也有多情的一面。江姐在生命的最后时刻，除了革命事业以外，最牵挂的就是自己的孩子。

热血丹心，勇于奉献

伟大的国际主义战士

白求恩 ●

诺尔曼·白求恩（1890—1939），出生在加拿大安大略省格雷文赫恩特镇，出身于牧师家庭。加拿大共产党员，国际主义战士，曾做过轮船侍者、伐木工、小学教员、记者。1916年毕业于多伦多大学医学院，获学士学位。曾在英国和加拿大担任过上尉军医、外科主任。1922年被录取为英国皇家外科医学会会员、理事，1933年被聘为加拿大联邦地方政府卫生部顾问，1935年被选为美国胸外科学会会员、理事。他的胸外科医术在加拿大、英国、美国医学界享有盛名。

"如果只考虑我个人的安危，我就不会到中国来"

1938年3月，接受加拿大共产党和美国共产党的派遣，白求恩带着足够装备几个医疗队用的医用器材，率领一支由加拿大人和美国人组成的国际医疗队，冲破重重的艰难险阻，踏上中国的土地。为了反对日本对中国的侵略战争，为了援助中国人民的民族解放事业，他不远万里，来到了中国革命圣地延安。后来，他又辗转来到晋察冀地区。

1938年冬天，接到王震旅长的命令，白求恩率领他的国际医疗队，急匆匆走完120里的艰难山道，按时到达了359旅的司令部，按时进入了指定的地点——黑寺。这是一个小山沟，村旁有一座小庙，周围是一片密密的柏树林，可以作为一层天然的掩护。临时的手术室就布置在小庙里，距离前线的作战部队只有10里。

战斗打响了，伤员一批一批不断地送到医院，手术一个接一个有秩序地进行，一个又一个年轻的生命通过白求恩的精湛手术转危为安。白求恩和他的医疗队成员们都在十分专心地工作，顾不上擦一擦额头上的汗水。连续几个小时过去，359旅的卫生部长几次请求手术停下来，暂时休息一下，吃点东西，补充一点体力。白求恩回答："伤员的生命很重要，我们少休息一会儿没有关系！""多救活一个伤员，就多一份战斗的力量！"一整夜，白求恩一直站在简易的手术台前紧张地度过。

又一个战斗的白天刚刚到来，4架日本鬼子的飞机就来偷袭，他们一次又一次地俯冲，没有目标，接连投下的炸弹在小庙的周围不断炸开。简陋手术室的墙壁，还有头上的白布罩单都被爆炸的声音震得不停地抖动，屋顶的土纷纷扬扬落下来。情势紧张，情况十分危急。

"白大夫同志，请你暂避一下吧。"同志们同声向白求恩发出请求，"我的手术还没有做完，这个时候不能离开，伤员比我重要！"

"白求恩同志，请务必停下手术，躲避一下吧。""不，不能，全体手术人员必须坚守岗位！"形势危急，359旅的卫生部长几次要求赶快转移，白求恩不肯："离火线远了，伤员的运输就会增加困难，更会拖延抢救伤员的宝贵时间，致残和死亡率就会增高。战士们在前线浴血奋战，难道我们还怕危险？"

一声很响的爆炸声音就在附近，一名警卫员进门来报告说："一颗炸弹炸

白求恩在给八路军动手术（沙飞摄影）

塌了小庙的后山墙，离手术室的距离只有30多米。""你出去吧，我知道了。"白求恩回答道。

所有的人，都为白求恩的人身安危捏着一把汗，政治部负责人被迫再下命令，停止手术，马上转移。白求恩手里的手术并没有停下，他说："战场上的将士们会不会因为敌人打炮，就不再战斗了？"政治部的同志说："我们一定要保证白大夫你的安全。"白求恩反问："你们难道就不危险吗？"他又说："躲进山沟就一定安全吗，不彻底消灭法西斯，世界就没有安全的地方，如果只考虑我个人的安危，我就不会到中国来，更不会到这里来了。大家都是一样的，所以请你们不用担心我的安全。"

侵略者往这个小小的山沟里投下了四五十枚炸弹，但是，手术却始终没有停下，伤员们一个接一个都得到及时的处

河北省石家庄市华北军区烈士陵园内白求恩墓前的白求恩像

置。下午6点钟，这个简陋的前方战地手术室门外至少还有20多个伤员在等待处置。白求恩一刻都没有停下手术，丝毫没有一点点的松懈。所有在场的人员都被白求恩的话所鼓舞，都被白求恩那种不怕死、不怕难的大无畏英雄气概所感动。

另外一支医疗队赶到了黑寺，才替换下了白求恩和他的医疗队。到此时，白求恩大夫已经连续工作了40多个钟头，他十分疲惫，满脸倦容，额上不停地冒出汗珠儿，眼睛布满着血丝，嘴唇干裂出血，声音嘶哑，站立都有些不稳了……白求恩连续工作两个昼夜，为170多个伤员分别进行了手术或是处置。其中，7个骨折的伤员都及时上了夹板，尽量保全了伤员的肢体；没有一例截肢手术；75%的伤员伤口恢复良好，没有化脓感染。白求恩把这次参加伏击战地医疗的过程详细地向党组织作了汇报。他写道："一个革命医生坐在家里等着病人来叩门的时代已经过去了。医生应该到病人那里去，而且越早越好。每一个旅都应该有一个像我们这样的、归自己调动的医疗队，它是前方部队的急救站和后方医院的桥梁……"

"我是'O'型，就抽我的血"

白求恩经常对身边一起工作的医生们说："我们医生，要珍惜伤员们的每一滴血。他们在法西斯的摧残下，已经流了很多血，对他们来说，半滴血也是宝贵的。"

有一天，一位伤员从雁北被抬到松岩口的时候，已经失血很多，还发着烧，精神状态萎靡不振，看来难以经得住手术，而且他的大腿股骨骨折，情况十分危急。"要输血。"白求恩果断地说。"抽我的血吧。"身边卫生部的一位同志伸出了胳膊。

"你刚刚输过血，不能再抽你的血了，这次抽我的。"白求恩已经决定了。在场的医务人员都不同意抽白大夫的，因为，这许多日子以来，他都一直忙于手术，身体透支非常厉害。在场的人员都争先恐后地要求献血。这时候，白求恩很坚定地说："不要拖延时间，我是O型！万能输血者。前方将士为消灭法西斯而流血牺牲，我拿出一点血有什么不应该！别耽搁时间，抢救伤员要紧。"大家深深理解白求恩此时的心情，也深深为他的精神所感动，当然也非常熟悉他近乎固执的脾气性格，只能同意。

白求恩躺在手术台旁边的床上，伸出了胳膊。护士小心翼翼地把针管扎进白求恩的血管，300毫升鲜红血浆缓缓流进瓶子里，还带着白求恩体温的新鲜血液接着又徐徐输进了八路军伤员的血管。加拿大友人为了中国伤员的需要，情愿献出自己的一切。

大约三个多星期以后，这位用国际友人的鲜血救活了的重伤员，恢复了健康。他万分感谢白求恩大夫让他获得了第二次生命。他又义无反顾上了前线。

小山村里流传着白求恩为中国伤员输血的故事，这是山村百姓从未听说过的奇闻。他们不光从这件事情上受到震动，同时也打消了他们对于在输血这件事上的种种顾虑。他们蜂拥着来到后方医院，要求输血。白求恩趁着这个难得的机会对大家说："土里没有种子，长不出小米来；身体里没有血，生命就会发生危险。伤员身体里失去大量的血，只有补给他们，才能把他们医好。从一个健康人的身上，取一点血，对于身体并没有妨碍，因为机体能很快给自己补上。如果我们能用自己的血，救活一个战士，胜于打死十个敌人。"

在白求恩的带动下，一支群众性的"志愿输血队"很快建立起来了。

"假使我还有一点支持的力量……"

三天前，白求恩那只被手术刀划破的手指，已经发生轻度肿胀，疼痛正在加剧。人们关心地劝白求恩休息几天，他却说："伤员们等待着处理，我怎么能闲得住呢！"于是，他拖着得了感冒的身子，举着那只不再灵便的手指，继续工作。

这天，白求恩在巡视伤病员的病况时发现，一个伤员在一夜之间头颈部肿胀得厉害，已经出现了急性化脓性炎症的症状，如果不及时治疗，伤员随时都有生命危险。他决定："必须立即排脓。"同志们再三劝阻他："你的手指，不能再做手术了，让我们来处理。"白求恩说："我的手指以前也发过炎。没那么严重，快准备吧。"同志们站在窗外，关注着手术的进行，更担心着白求恩的手指，只见它直直地伸着。因为手指肿得厉害，白求恩当天做手术没有戴橡皮手套，动作也明显不如往日那样灵活。忽然，听到"哎哟"一声，接着又听到白求恩说了一句："真该死！"因为不小心，他的伤指碰了一下伤员的伤口，他立刻把他的伤指伸进消毒溶液里浸泡了一下，毫不犹豫地接着进行手术。手术完成了，但是，白求恩的伤指却已经感染，引起严重后果。

链球菌在白求恩的肌体里侵袭蔓延，他开始了头晕、疲惫、没有食欲，精神憔悴，眼窝越发深陷了。军区卫生部的领导和同志们，建议他回到后方去治疗，他就是不同意。他说："你们不要拿我当古董，而是要拿我当一挺机关枪来使用。"这一次，同志们没有听他的，硬是把他留在了史各庄战地医院。

十几天后，白求恩的伤势没有好转，反而进一步恶化。他的左臂出现转移性脓疡，中国医生为他进行了排脓。做完以后，他感觉似乎轻松一些。所有的医护人员前来看望，很多人却又都是隔着窗户，悄悄地看一看他，不论是谁，都不愿意打扰他的休息。

聂荣臻司令员发出命令，要不惜一切代价，把白求恩大夫送出敌人时刻威胁下的危险地区，迅速转移到后方医院救治。听说是指挥部的命令，这一次白求恩表示了服从。

敌机就在头顶上，机枪连珠炮似的打得很紧。冒着敌人的炮火，白求恩躺在担架上，默默地在医疗队的护送下转移。临分手时，白求恩说的话还响在同志们的耳边："我十二万分忧虑的是前方流血的战士们，假使我还有一点支持的力量，我一定留在前方！"

得知白求恩病危，军民们自动聚集在院墙外，默默注视和倾听，谁也不出声，都在心里祝愿他能早日好起来。一个战士，非常虔诚地对医生说："他

加拿大安大略省白求恩故乡格雷文赫斯特的白求恩纪念馆

曾经用自己的鲜血，救活过我们的战友。今天，我愿意用我自己的血来救活他。""可是，他得的不是容易治好的病……"听到医生痛心的回答，这位战士哭了，在场的战士和村民也都淌下了眼泪。那位医生说："白求恩同志说过：面对一个战友的牺牲，我们需要的是前赴后继，而不是怜悯、伤感。怜悯会减低牺牲的意义，因为我们是为伟大的事业而献身的。"

1939年11月12日清晨，加拿大人民优秀的儿子，勇敢、正义、热情的伟大的国际主义战士，中国人民最亲密的战友诺尔曼·白求恩在河北省唐县黄石口村逝世，终年49岁。

在延安，巍峨的宝塔山下，军民举行了纪念白求恩的追悼大会。毛泽东为白求恩作了亲笔题词："救死扶伤，实行革命的人道主义。"1939年12月21日，毛泽东写出了《纪念白求恩》这篇不朽文章。

加拿大共产党员白求恩，为了中国人民的民族解放事业，不远万里来到中国，积极工作并献出了宝贵的生命。他永远活在中国人民和世界人民的心中，他不息的奋斗精神永远激励着我们。

张思德

为人民服务的典范

张思德（1915—1944），四川仪陇人，中共党员，中央警卫团战士，被誉为全心全意为人民服务的典范。1944年因窑洞塌方不幸牺牲。毛泽东曾亲自参加他的追悼会，并写下了《为人民服务》这篇不朽篇章。

一个平凡的红军战士

张思德出身于四川省仪陇县六合场的一户贫苦佃农家庭。仪陇县是个农业大县，物产丰富。可是在旧社会，张思德一家却过得非常清贫。祖父张经合到陕西汉中谋生，被活活累死；父亲张行品靠给地主打短工过日子。张思德出生时，母亲即落下重病。年幼的张思德因为母亲没有奶水，饿得嗷嗷叫。母亲没有办法，拖着重病的身体，挨家挨户敲门，走东家，串西家，要来一把半把谷米，捣碎熬成糊喂他，因而，给他起了一个小名叫谷娃子。后来张思德的婶母看他可怜就收养了他。张思德的童年是在忍饥挨饿的苦难中度过的。

1933年，红四方面军解放了仪陇县。"打土豪，分田地"，红军的宗旨深深感染了张思德。苦大仇深的张思德第一个报名参加了少先队，成为乡里首任少先队队长。他积极帮助红军筹粮筹款，受到乡苏维埃的嘉奖。同年10月他加入红军，在县独立团二营当通讯员，在瓦子寨战斗中立功一次。

1935年，张思德随着红四方面军参加了长征。在过草地时，战士们身上带的干粮全都吃完了，部队基本断粮，饥饿威胁着红军。为了走出草地，红军首长杀了驮文件的战马，分给伤病员吃。战士们甚至解下皮带煮了吃。为了战胜饥饿，走出草地，全军上下发出了"尝百草"的庄严号召。可是在茫茫草地上，毒草丛生，一不小心，人就中毒，严重者甚至丢了性命。

有一次，在露营时间，一个小战士突然高兴地叫起来，说发现了"野萝卜"。那个战士兴冲冲地跑过去，拔起就往嘴里送。张思德见状，一把夺过来，批评了小战士的鲁莽行为。说完，自己吃了一点点。没想到，一会儿，张思德就晕过去了。半个多小时以后，张思德慢慢醒来，模模糊糊地看见小战士端着瓷缸蹲在跟前，他急忙说："不要管我，快去告诉其他同志。"

除了饥饿，平静的草地到处是陷阱。有一天，一个小战士不幸陷入泥沼。起先只是没入膝盖，很快没入大腿。小战士拼命喊救命，有的战士过去拉他，可没把小战士拉上来，自己却差点陷进去。眼看着泥沼就要没入胸部，再不救就来不及了。旁边的战士只有干着急，毫无办法。这时，张思德挺身而出说："我趴在泥沼上，你们踩在我身上去拉，肯定能拉上来。"旁边的人还在犹豫，张思德已经趴好，叫其他战士赶快去救人。小战士顺利得救了，张思德的机智和勇敢赢得了大家一致的钦佩。

事后，战友们夸赞张思德机智、勇敢时，他却只是淡淡地说："我只是做了一个平凡的红军战士该做的。"

服从命令，任劳任怨

1936年，红军结束了长征，顺利到达陕北。组织上考虑到张思德身上的伤还未养好，就送他入云阳荣誉军人学校学习和养伤。1937年全民族抗日战争爆发后，人人争着要上前线杀鬼子，张思德也不例外。在整编过程中，上级命令张思德加入警卫连任副班长，负责八路军留守处的警卫工作。很多战士想不通，想上战场杀敌，张思德也想不通，但命令得服从。他对全班的战士说："在留守处担任警卫，留在后方也是为抗日做贡献。"

1937年10月，张思德加入了中国共产党。从此，他更加严格地要求自己，一切服从党和人民的利益，党叫干啥就干好啥，全心全意为人民服务。1942年11月，部队合并整编，干部精简下派，一些连排干部要去当班长，多数班长、副班长要当战士。已经入伍10年并担任班长的张思德被分配到中央警卫团一连担任战士。他愉快地服从组织分配，毫无怨言。

不久，他被调到延安枣园，在毛泽东等中共中央领导工作的地方执行警卫任务。他把全部心血都倾注在警卫工作中。为了保证毛泽东等中央领导有个好的工作和生活环境，张思德每天都把毛泽东窑洞前的院子打扫得干干净净，并把常走的土路上的坑坑洼洼垫平。毛泽东有个习惯，写文章彻夜不眠，天亮后才睡觉。张思德早早起床，悄悄地把毛泽东窑洞附近的鸡鸭和牲畜赶得远远的，用小石块把在附近树上啼叫的鸟儿撵走，好让毛泽东能多睡一会儿。他还发明了"控绳拉铃"的通信方法，在院子的树上系一根细绳子，绳子的一端通向警卫班宿舍，里面挂一个小铃铛，如毛泽东这边发现情况，只要哨兵一拉绳子，警卫班就可以立即出动，又不会打搅毛主席休息。毛泽东外出开会时，张思德常在身边警卫。当时毛泽东在延安乘坐的是一辆爱国人士赠送的救护车，车身宽大，能坐10个卫士。在车尾有专供卫士站立的踏板，以防背后有人偷袭，这个位置通常都是张思德的。由于背对着行车方向，尘土很大，毛泽东很过意不去，拍着他的肩膀，让他到前面。张思德总是笑笑，依旧站在那里。每当毛泽东外出，张思德总是提前把冲锋枪和马灯擦亮，备好水壶，早早等候在车子旁。因为他知道，做好毛泽东的警卫工作，就是对革命的最大贡献。

在完成警卫工作之外，张思德也经常主动为驻地打扫卫生、铺石垫路、修补窑洞，兢兢业业地做好每一项工作。他还经常帮助战友补洗衣服、编草鞋、喂战马、挑水烧火、采药防病、站岗放哨，带头帮助驻地群众生产劳动，干好每一件革命工作。

为了抢救战友而牺牲

1944年初，中央号召进行大生产运动。张思德响应党的号召，主动报名，到安塞县一个生产农场担任副队长。到生产队没多久，张思德就接到了为中央机关和领导烧过冬木炭的任务。烧炭是个技术活，要经过伐木、找窑、出炭、包装、背运等七八道工序，火候也很重要。

早在1940年，张思德就参加了烧炭工作，成为技术骨干。张思德为了烧好炭，吃住都在窑边，晚上也要爬上窑顶几次，观察烟色和火候；木炭还没完全冷却，他就冒着高温，用破布包手，站在炭窑的最里边捡木炭。这次接到烧炭任务后，作为生产队副队长，他处处起模范带头作用，不怕苦、不怕累，哪里最苦最累，他就出现在哪里，每到出炭时总是最先钻进窑中作业。

9月5日，天下着雨，原本这天的工作计划是下地干活。一场突如其来的雨，将计划打乱。地里肯定不能干活了，张思德想趁着雨不大，组织大家赶挖几个烧炭的新窑洞。

张思德和一个叫小白的战士一同挖一口新炭窑。他俩精神焕发，干劲十足，不一会儿就掘进了很深。小白让张思德休息一下，张思德说："不用了，一口气挖到底再休息。"小白见张思德干劲这么足，就没再劝。两人分工合作，配

张思德烈士留下的唯一照片

合默契，张思德用小镢刨窑壁、窑顶，小白用锨将刨下来的土扔到窑外。这时候雨越下越大，雨水顺着坡流到洞口，危险渐渐来临，但他俩浑然不觉。

快到中午时候，窑顶突然沙沙地掉下几块泥土。意识到可能发生危险的张思德马上对小白说："快走，窑要塌了。"话没说完，就猛地将小白推出窑口。就在此时，整个窑"轰"的一声，全部垮塌下来。小白得救了，张思德却被压在里面。

张思德为了人民的利益，为了战友的安全，献出了自己年轻的生命，年仅29岁。

当警卫团的战士将这个消息告诉毛泽东的时候，毛泽东非常生气："打仗死人，那是没办法，搞生产怎么还能死人呢？要给张思德同志开个追悼会，我去参加。"

张思德烈士墓

1944年9月8日下午，中共中央直属机关举行了"追悼张思德同志大会"。会场设在枣园后沟的西山脚下，会场前面的土台上摆满了花圈。毛泽东亲自参加了张思德同志的追悼大会。挽联上，毛泽东亲笔写着："向为人民利益而牺牲的张思德同志致敬！"就是在这个追悼会上，毛泽东作了《为人民服务》的著名讲演。"人总是要死的，但死的意义有不同。中国古时候有个叫作司马迁的文学家说过：'人固有死，或重于泰山，或轻于鸿毛。'为人民利益而死，就比泰山还重；替法西斯卖力，替剥削人民和压迫人民的人去死，就比鸿毛还轻。张思德同志是为人民利益而死的，他的死是比泰山还要重的。"

李公朴 ⊙

为和平民主而献身

李公朴（1900—1946），号仆如，江苏淮安人，中国近代史上伟大的爱国主义者、坚定的民主战士和杰出的社会活动家，民国时期著名的"七君子"之一，中国民主同盟早期领导人。

正义少年赴美求学

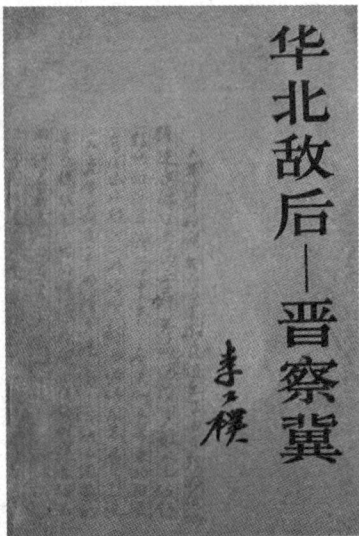

李公朴的著作

李公朴原名永祥，号仆如、晋祥，原籍江苏省武进县湖塘桥，1902年11月26日出生于淮安。家境贫困，父亲李培曾在清光绪年间常镇道道尹沈敦兰家中当管事人员。李公朴13岁时随父母迁居镇江，少年的李公朴在镇江一家洋货店做学徒。五四运动爆发后，他在报上揭露一些奸商将日货改贴商标冒充国货的行为而被店主开除，后就读于镇江润州中学。毕业后他考入武昌文华大学附中，因反对校医虐待学生酿成学潮又被开除。随后他考入上海沪江大学附中，毕业后升入沪江大学半工半读。第一次国共合作时期，李公朴投军北伐。

1927年，"四一二"反革命政变后，李公朴愤然离开军队，次年8月，考取美国俄勒冈州波特兰雷德大学政治系。在美国，他边读书边打工。留学期间，他对美国及世界各国的教育状况进行考察研究，认为学校"是改善社会环境的策源地"。他在邹韬奋主编的《生活》周刊上向国内介绍美国社会情况。

为抗战而奋斗的"七君子"之一

1930年11月，李公朴结束留学生涯回到上海。当时，正值日本帝国主义步步进犯，李公朴满腔热血积极投入各种爱国救亡活动。他与高士其在南京筹办《全球通讯社》，与邹韬奋、胡愈之等发起筹办《生活日报》，创办旨在改变店员和青年学生痛苦生活的《申报》流通图书馆。1936年底，图书馆藏书由2000多册增至3万多册，拥有读者2万多人，其中学生达4500多人。在史量才支持下，他创办《申报》业余补习学校和妇女补习学校。1934年，李公朴与艾思奇一起创办《读书生活》，发表了大量反对日本帝国主义侵略、抨击国民党统治的文章，宣传抗日民族统一战线的思想，进行哲学、社会科学和自然科学通俗化的尝试，传播马列主义的一些基本知识，对青年的思想启蒙起了巨大的作用，引导许多青年走上了革命的道路。1936年，创办读书生活出版社，出版了许多进步的通俗读物，其中就包括第一部中译本《资本论》。

1936年5月，马相伯、宋庆龄、何香凝、沈钧儒等人在上海宣布成立全国各界救国联合会，发表宣言，通过《抗日救国初步政治纲领》，向全国各党各派建议：立即停止军事冲突，释放政治犯，各党各派立即派遣正式代表进行谈判，制定共同救国纲领，建立一个统一的抗日政权等。李公朴被推为负责人之一，积极与东北抗日人士联系，支持抗日斗争。同年11月，南京国民政府以"危害民国罪"在上海逮捕了救国会领导人李公朴等7人，并于1937年两次开庭审讯。李公朴等人坚持抗日救国立场，在狱中和法庭上进行了不屈不挠的斗争。从事件开始之日起，中国共产党和国内外进步人士就开展了广泛的营救运动。七七事变爆发后，南京国民政府于7月31日宣布释放李公朴等7人。

李公朴出狱后到山西调查考察，拜访周恩来等人，后来他担任"民族革命战争战地总动员委员会"委员兼宣传部长，开展统一战线工作。同时创办了由他担任社长的"全民通讯社"，为抗战宣传教育及推动统一战线工作四处奔波。李公朴常与大批从事抗日救亡运动的热血青年座谈。他经平绥、平汉、津浦铁路线，对抗日形势作了全面考察。10月回到上海，发表《为全民动员告国人书》等一系列文章，认为"没有全民的动员，就没有全民的战争"。李公朴应阎锡山之邀主持民族革命大学，他拟订的"民族革命大学十大纲领"符合中国共产党《抗日救国十大纲领》，民族革命大学教职员工很快增加到5000多人，后来不少学生去了延安。毛泽东曾在延安看望李公朴等人，还为李公朴夫人张曼筠所画的《饿

读书生活

刊月半的导指基理·放解族民·学门活生

第三卷第六期

日五十二月一年五十二

李公朴主编的《读书生活》杂志

长城图》题了《清平乐·六盘山》，支持李公朴组织抗战建国教学团，并给他配备一个红军老战士做警卫员。李公朴一行深入华北敌后晋察冀抗日根据地，教学团像个流动学校，每到一地都开办短训班，宣传抗日，传播抗战教育的种子。此举引起蒋介石仇视，命令严予查禁。李公朴6个多月的晋察冀之行，走访了15个县500多个村庄，并认为晋察冀是今日民主的模范抗日根据地，也是将来新中国的雏形。三年多时间，李公朴四上华北抗战前线、二访延安，完成了四五十万字抗战言论、战地通讯、抗战教育等文章。其中，《全民动员论》《抗战教育的理论与实践》《走上胜利之路的山西》《华北敌后——晋察冀》四本著作流传甚广，给人以巨大鼓舞，并客观公正地宣传共产党、八路军。

"我两只脚跨出门，就不准备再跨回来"

太平洋战争爆发前夕，李公朴转入西南。应沈钧儒电邀回重庆商谈筹备成立中国民主同盟等事宜。皖南事变后，周恩来为了李公朴的安全，让他去云南、缅甸，并赠送路费。李公朴搜集了大量反映中国人民抗战业绩的资料，准备去缅甸举办"中国抗日战争现状"展览，争取侨胞和世界人民对中国抗日战争的支援。在昆明，李公朴先后创建北门书屋、北门出版社，出版了各类进步文艺读物30余种，并在地下印刷厂翻印了毛泽东的《新民主主义论》《论联合政府》，朱德的《论解放区战场》等书。

1944年，李公朴加入中国民主同盟，被选为民盟云南省支部执行委员，并担任《民主周刊》的编委工作。1945年，在民盟全国代表大会上，他当选为中央执行委员和民主教育委员会副主任。同年12月，"全国各界救国联合会"召开会员大会，改名为"中国人民救国会"，会上他被选为中央委员和中央常务委员。

1946年初，他与陶行知共同创办"社会大学"，任副校长兼教务长，实施民主教育的理论与实践相结合的方针。同时主编《民主教育》月刊。为了迎接政治协商会议的召开，他参加发起成立"政治协商会议陪都各界协进会"，被选为理事。

在政协会议期间，他经常主持举办各种报告会、演讲会。1946年2月10日，重庆各界在较场口举行庆祝旧政协胜利闭幕大会，他担任总指挥。会上，国民党特务进行破坏，制造了"较场口血案"，李公朴等人被特务殴伤，送医院治疗。周恩来曾前往探望。同年5月，社会大学由于国民党当局百般刁难被迫停办，李公朴从重庆返回昆明，准备将北门出版社迁至上海，并开始编写《世界教育史》。此时他遭到国民党特务的严密监视，但是，李公朴争取和平民主的决心愈加坚定。在一次集会上，李公朴说："想用死来威胁我吗？民不畏死，奈何以死惧之？今天我两只脚跨出门，就不准备再跨回来。"

1946年6月底，民主同盟和各界人士在昆明发起万人签名运动，要求和平。虽然民主同盟一再声称自己并非暴力团体，只以和平方式争取民主，反对暗杀和暴动。但是，这还是引起了国民党当局的仇视。1946年7月11日晚，李公朴和夫人在外出归途中，于青云街大兴坡遭国民党特务暗杀。李公朴牺牲后，中共中央领导人毛泽东、朱德联名发表唁电："先生尽瘁救国事业与进步文化事业，威武不屈，富贵不淫。今为和平民主而遭反动派毒手，实为全国人民之损失，抑亦为先生不朽之光荣。"

李公朴的一生，是不断追求真理、坚持革命、顽强斗争的一生，是忠诚于民族进步和追求和平、民主的一生。闻一多先生在《最后的演讲》中曾说："你们杀死一个李公朴，会有千百万个李公朴站起来！"正是因为有了如李公朴先烈们这样前仆后继的不懈奋斗，才取得了民主革命的胜利，才有了今天的新中国。

云南大学李公朴墓

李公朴故居

宁死不屈的民主斗士

闻一多 ⊙

闻一多（1899—1946），出身于书香之家，诗人、学者、革命斗士，中国现代伟大的爱国主义者、坚定的民主战士，中国民主同盟早期领导人，因反对国民党独裁遭国民党特务暗杀。

进步思想成就伟业的诗人

闻一多，1899年11月24日出身于湖北省浠水县的书香世家，族名"家骅"，学名"闻多"，字友三。父亲是清末秀才。受家学影响，闻一多5岁入家塾读书，从小就在国学、古诗方面打下了坚实基础。

1909年，闻一多入武昌两湖师范附属小学读书；1912年，考入清华留美预备学校（清华大学前身）。刚步入清华的闻一多就被辛亥革命的义举所感染，民主、自由、反对帝制思想在他心底扎根，并影响了他的一生。学习期间，他积极参加各种进步活动，1914年担任《清华周刊》编委、总编辑，《清华学报》编辑等，参加"游艺社"并任副社长，后改为"新剧社"，任编演部负责人，组织编演揭露现实的新剧。

闻一多酷爱读书，在他志学之年，便做好了读书计划。他在日记中写道："近决志学诗，读诗自清、明以上，溯魏、汉、先秦。读《别裁》毕，读《明诗综》，次《元诗选》《宋诗选》，次《全唐诗》，次《八代诗选》，期于二年内读毕。"

闻一多爱好广泛，不但喜爱读书、写诗、表演，还对绘画产生了浓厚的兴趣。经过清华美籍美术教师的点化，他绘画的技能很快得到提高，绘画作品在《清华周刊》等刊物上多次发表。后来，他与梁思成、高士其等人成立美术社，"以研究艺术及其与人生的关系"为宗旨，发表《征求艺术专门者的呼声》等作品。

1919年，五四运动爆发，再一次点燃了闻一多内心的爱国热情。他积极响应，深夜独自把岳飞的《满江红》贴在了清华食堂大门柱上，大大鼓舞了学生们的热情。梁实秋曾回忆说："一多在这潮流里当然也大露头角。"五四运动爆发后，家书劝其回乡，闻一多回信说："国家至此地步，神人交怨，有强权，无公理，全国懵然如梦，或则敢怒而不敢言。卖国贼罪大恶极，横行无忌，国人明知其恶，而视若无睹，独一般学生敢冒不韪，起而抗之。虽于事无大济，然而其心可悲，其志可嘉，其勇可佩。""男在此为国作事，非谓有男国即不亡，乃国家养育学生岁糜巨万，一旦有事，学生尚不出力，更待谁人？……男在校中，颇称明大义，今遇此事，犹不能牺牲，岂足以谈爱国？男昧于世故人情，不善与俗人交接，独知读书，每至古人忠义之事，辄为神往，尝自诩吕端大事不糊涂，不在此乎？"由此可见，五四运动的进步思想对其影响之深。

青年时期的闻一多在清华如鱼得水，扎实的文学功底及艺术天赋得到了很好的发挥，尤其表现在擅长的诗歌创作方面。他的第一首新诗《西岸》发表于《清华周刊》，立即得到广泛的认同。梁实秋曾说："五四以后，一多最活跃的是在文学方面，尤其是新诗。在清华园里，他是大家公认的文艺方面的老大哥。"他在对诗歌的研究方面，也发表了很多文章，如《本学年周刊里的新诗》《诗的音节底研究》《律诗底研究》等。后期他赴美留学时发表在《创造月刊》的《〈女神〉的时代精神》《〈女神〉的地方色彩》两篇文章，对郭沫若的《女神》诗集作了深刻研究和评论。

1922年7月，闻一多赴美国留学，学习了三年美术专业，后期又选修了"现代英美诗"课程。他在绘画方面得到系主任利明斯女士的很高评价，认为他是一个少有的艺术家。他在学画时期对诗歌的研究并没松懈，除对郭沫若先生的诗集作评外，1923年9月，他的第一本诗集《红烛》由上海泰东图书局出版。此后他又出版了诗集《死水》。他的诗以爱国为主线，把激情与唯美，大气磅礴与深沉凝重的心情完美地糅合，形成了他自成一体、表现爱国思想的"新时代闻派白话诗歌"。两本诗集的出版也是他诗歌道路上标志性的里程碑。

闻一多好友、《诗刊》的创办人——徐志摩，曾多次向闻一多约稿。1931年1月，上海《诗刊》发表了闻一多的长诗《奇迹》，徐志摩看了非常兴奋，说闻一多是"三年不鸣，一鸣惊人"。这也是闻一多发表的最后一首新诗，至此闻一多从诗人逐步转变为潜心研究的学者。

满怀爱国情怀潜心钻研的学者

"孤苦伶仃的东方老憨。"闻一多这样评价自己在美国留学的孤独状态，再加之当时美国种族歧视十分严重，闻一多屡次遭遇歧视中国人的现象。孤独与愤怒，再一次激起了他那颗爱国之心。

1925年5月，毅然回国后的闻一多，出任北京艺术专科学校教务长，并从事《晨报》副刊《诗镌》的编辑工作，后又就职于国立第四中山大学（1928年更名为中央大学，1949年更名为南京大学）、武汉大学（任文学院首任院长并设计校徽）、青岛大学、北京艺术专科学校、政治大学、清华大学、西南联合大学等。

1925年至1932年，这七年时间，是闻一多人生最低谷时期。这七年来，为了生计，他换了7份工作。更让他难过的是这七年中，相继失去了两女一男共三个子女。现实生活的打击直接影响了他的诗歌创作激情，一度几乎收笔。1932年，闻一多进入清华大学任教后，决心潜下心来做研究。他深知没有任何头衔的美术系留学生回国任教，与其他教授们资历上的差距。本爱读书的闻一多，为了与教授们缩小差距，读书更加刻苦。从研究唐诗的主脉络上，延伸到前唐诗至先秦的《诗经》《楚辞》《周易》《庄子》等，从古诗研究到古文字、古音韵、古民俗等多方面的研究工作。他出任中文系教授，讲授《诗经》《楚辞》、唐诗及乐府等研究。从先秦汉魏六朝诗词，至王维、杜甫等诗人的研究，以及中国古代神话研究等。他与中文系主任朱自清经常论学，既是同事，又是挚友。

闻一多现场演说

他先后发表众多各类研究成果，如《岑嘉州系年考证》《匡斋说诗》《天问释天》《诗新台鸿字说》《高唐神女传说之分析》《离骚解诂》《敦煌旧钞本楚辞音残卷跋》《诗经新义·二南》《释朱》等等。

1937年，全民族抗日战争全面爆发，同年10月底，闻一多离开清华南下长沙，入国立长沙临时大学（简称"长沙临大"，由国立北京大学、国立清华大学和私立南开大学三校联合组成）。1938年2月19日，由于战事紧张，长沙临大再次西迁昆明，闻一多与师生300余人组成"湘黔滇旅行团"开始转移。在艰苦跋涉的过程中，他们也不忘一路宣传抗日救国、团结抗争的历史使命。同年4月28日，旅行团终于到达昆明，长沙临大改名西南联合大学，闻一多入中文系任教。

以红烛精神投身革命的斗士

"诗人主要的天赋是爱，爱他的祖国，爱他的人民。"面对残酷的现实，闻一多不顾一切地投身到革命中。在研学教学的过程中，他积极参与抗日救亡的斗争，并得到中共地下党及民主同盟的大力支持，从不同渠道得到毛泽东的《论联合政府》《新民主主义论》和朱德的《论敌后战场》等著作，对中国共产党的思想路线有了全新的认识。1944年，闻一多参加了民主同盟，并被选为民盟云南支部委员、《民主周刊》编委。1945年9月，被选为民盟中央执行委员及民盟云南支部宣传委员兼《民主周刊》社长。

1944年，闻一多（右二）与朱自清（左一）等友人

抗战中后期，是闻一多思想再次飞跃的时期，闻一多从一个学者真正转变为一名身先士卒的民主斗士。面对国民党的贪污腐败，他拍案而起，大喊："现在只有一条路——革命！"日本投降后，蒋介石的国民政府不顾黎民百姓的生存需求，再次发动内战。闻一多站出来用他诗人的情感、犀利的笔尖，在各大刊物上呼喊："今天，我们第一要停止内战，第二要停止内战，第三还是要停止内战！"他还参加了大规模的反战游行、讲演等，以此来抵制国民党政府的统治。"一二·一"惨案爆发，闻一多义愤填膺，认为是"中华民国最黑暗的日子""简直是黑色恐怖"！1946年3月18日为四烈士出殡，闻一多走在四五万人的游行队伍前列，强烈抗议反动派的恶行。

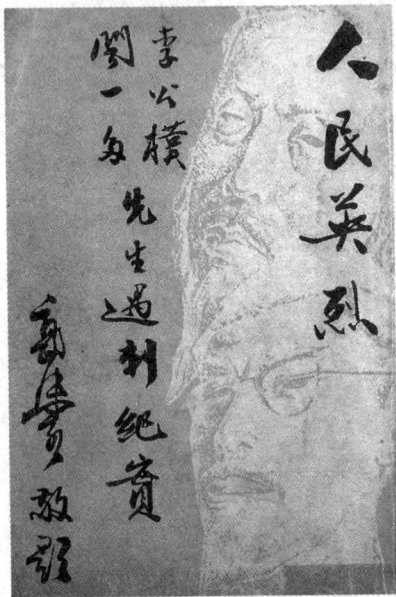

闻一多、李公朴牺牲后出版的图书

1946年5月，清华大学迁回清华园原址复校，闻一多留在昆明继续与反动势力周旋。为了争取民盟的活动公开，反对内战、主张和平，粉碎国民党当局对民盟及民主人士的造谣诬蔑，1946年6月底，民主同盟和各界人士在昆明发起万人签名运动，以和平方式争取民主、抵制内战。但南京国民政府却密令昆明警备司令部、宪兵十三团等机关："中共蓄意叛乱，民盟甘心从乱，际此紧急时期，对于该等奸党分子，于必要时得宜处置。"昆明警备总司令霍揆彰奉令后，拟订了逮捕、暗杀民盟负责人的名单。李公朴被列为第一名，闻一多被列为第二名。7月11日晚，李公朴遭国民党特务暗杀。闻一多赶到医院，抱住李公朴的遗体哭喊："公朴没有死！公朴没有死！"7月15日上午，闻一多对朋友们的劝阻置若罔闻，毅然出席了李公朴的追悼会，并做了最后一次慷慨激昂的演讲。"反动派！你看见一个人倒下去，可也看得见千万个继起的！正义是杀不光的，因为真理永远存在！"当日傍晚，闻一多在回家的路上被特务伏击，身中数弹不幸身亡，时年48岁。

闻一多被暗杀的噩耗立即引起全社会的强烈不满。各民主党派、进步人士纷纷举行集会，声讨国民党残酷暴行；民主同盟主席张澜表示"愤慨万端，莫可名言"；毛泽东和朱德的唁电中赞道："先生为民主而奋斗，不屈不挠，可敬可佩。"后来，毛泽东在《别了，司徒雷登》一文中这样说道："我们中国人民是

云南大学闻一多衣冠冢

有骨气的。许多曾经是自由主义者或个人民主主义者的人们，在帝国主义者及其走狗国民党反动派面前站了起来。闻一多拍案而起，横眉怒对国民党的手枪，宁可倒下去，不愿屈服……"

捧着一颗心来，不带半根草去

陶行知 ●

陶行知（1891—1946），生于安徽歙县。因信仰王阳明的"知行合一"学说，取名"陶知行"。后来认识到"行是知之始，知是行之成"，遂于1934年改名为"陶行知"。近代伟大的教育家、思想家，坚定的民主战士、爱国者，中国人民救国会和中国民主同盟的主要领导人之一。先后创办晓庄学校等教育机构，并提出了一系列教育思想，影响深远。

立志投身教育事业

1891年10月18日，陶行知生于安徽歙县西乡黄潭源村一个贫寒的教师之家，祖籍浙江绍兴。6岁时，他在邻居家厅堂玩耍，看见厅堂墙上挂着对联，便坐在地上临摹起来，恰巧被邻村一位塾师看见，以为神童，免费为其开蒙。有一天下大雪，当他赶到塾馆时老师已经开讲，他硬是站在门外专心致志地听老师把课讲完。这种学习精神感动了塾馆里的每一个人。

1905年，陶行知入歙县基督教崇一学堂，在这里学习了英文、数学、理化等课程，开始接受西学的教育。由于他一直生活在中国社会的底层，从童年时代起就对民间的疾苦有深切的感受。因此，年幼的陶行知在自己宿舍的墙上，挥笔写下了"我是一个中国人，应该为中国做出一些贡献来"的豪言壮语，抒发他满腔的爱国热情并激励自己为祖国早日走向现代化而发奋学习。1908年，17岁的陶行知考入杭州广济医学堂，希望以学医来解除广大劳动人民的病痛，实现自己报效祖国的志向。由于这所教会学校歧视非入教的学生，他不愿意自己的思想受外国人的随意摆布，入学仅三天，即愤而退学。

1909年，陶行知考入南京汇文书院，次年转入金陵大学文科。在大学期间，受辛亥革命影响，在校积极参加爱国活动，主编《金陵光》学报中文版，宣传民族、民主革命思想。在《金陵光出版之宣言》一文中，他号召全校同学努力学习和工作，发出自己的光和热，报效祖国，"使中华放大光明于世界"。1914年，他以总分第一名的成绩毕业。

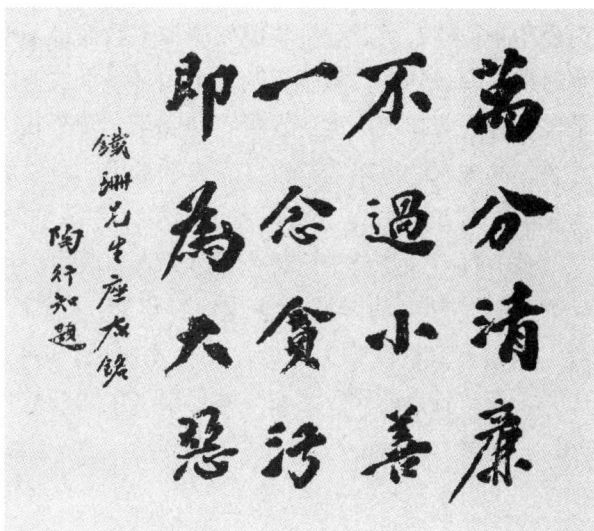

铁珊先生座右铭 陶行知题

为分清廉不过小善即为大恶一念贪污

陶行知手迹

他在毕业论文《共和精义》中写道："人民贫，非教育莫与富之；人民愚，非教育莫与智之；党见，非教育不除；精忠，非教育不出。"这表明他已深刻地认识到教育在提高人民素质和促进国家进步发达的地位和作用，同时也反映了他已基本确立了投身教育，报效祖国的思想和志向。

金陵大学毕业后，陶行知赴美留学，先是在伊利诺大学学习市政，半年后转哥伦比亚大学，师从杜威、孟禄、克伯屈等美国教育家研究教育。

近代教育的先驱

1917年，陶行知回国，应聘为南京高等师范学校教员，从此开始了他30多年的教育生涯。他认为当时流行的教育方法是"死读书，读死书，读书死"。在南京高等师范学校期间，陶行知历任教授、教务主任等，反对"沿袭陈法，异型他国"，主张推行平民教育。在他的倡议下，南京高等师范学校首次招收本科女生，成为我国大学开放女禁的最早实践者。

五四运动后，为了改革教育，陶行知进行了不少教育实践活动。1923年6月，陶行知与黄炎培等人组建南京平民教育促进会，编写《平民千字课》课本。为从事平民教育运动，陶行知辞去了高薪任职的东南大学教育系主任职务，不辞辛劳奔走全国十几个省推行平民教育，他说："凡是我所到的地方，就是平民教育到的地方。"几年时间，有成千上万平民受益。

陶行知说："因为爱人类，所以爱人类中最多数而最不幸之中华民族，因为爱中华民族，所以爱中华民族中最多数而最不幸之农人。"在平民教育运动高潮时期，陶行知敏锐地感觉到，中国是一个农业国，农村人口占大多数，要推行平民教育就要重视广大的农村。1926年，陶行知以"为三万万四千万农人烧一炷心香"的虔诚，以培养具备"农夫的身手，科学的头脑，创造的精神"的新青年为理想，提出"师范教育下乡运动"，并亲自撰文为乡村教育描绘未来蓝图："筹募一百万元基金，征集一百万同志，改造一百万个乡村。"

经过一年多的奔波筹备，1927年3月，陶行知在南京小庄创办实验乡村师范，以培养乡村教师为目标，并自任校长。陶行知将"小庄"地名变更为"晓庄"，取"日出而作"之意，并提出"生活即教育""社会即学校""教学做合一""在劳力上劳心"的生活教育理论。

安徽省歙县城墙前的陶行知塑像

晓庄师范学校开学典礼那天，陶行知亲自撰写了一副别开生面的对联，张贴在会场两边柱子上，联曰："和牛马羊鸡犬豕做朋友；对稻粱菽麦黍稷下功夫。"

晓庄师范学校开学后，为了实践理想，陶行知要求学生农民化，并带头脱下西装皮鞋，穿上布衣草鞋，打赤脚、睡稻草、住牛棚，同学生们一起修厕所、盖校舍，把每一天的劳动和生活都当作学习的课程。陶行知还写过一首《自立歌》："滴自己的汗，吃自己的饭，自己的事情自己干，靠人靠天靠祖上，不算是好汉！"他旗帜鲜明地表明了自己的人生态度。

1928年春，陶行知又在江苏淮

安创办了新安小学，并自任校长。为勉励自己和同仁，陶行知特地题词"捧着一颗心来，不带半根草去"。这句无私奉献的高尚的教育名言，成为陶行知一生奉行的准则。

由于晓庄师范学校中有中共地下党组织，1930年4月，国民党政府以"勾结叛逆，阴谋不轨"为借口，武力封闭晓庄学校。陶行知受到通缉，被迫避难日本。

1931年春，陶行知返回上海，任《申报》总管理处顾问，对当时《申报》的革新起了相当大的作用。1932年起，先后创办了"山海工学团""晨更公学团""劳工幼儿团"，首创"小先生制"，成立"中国普及教育助成会"，开展"即知即传"的普及教育运动。1934年主编《生活教育》半月刊。同年7月，陶行知正式宣布将自己的名字由"知行"改为"行知"。

在日本期间，日本科技强国的方针给陶行知留下了深刻印象。回国后，他组织开展"科技下乡"运动。他决心普及科学知识，为中国造就科技人才。1932年10月，陶行知在上海宝山创办"山海工学团"，提出"工以养生，学以明生，团以保生"，将工场、学校、社会打成一片，进行军事训练、生产训练、民权训练、生育训练等。继续开展"小先生"运动，由于"小先生制"很适合普及教育，很快在全国推行，并对东南亚普及教育产生了影响，为中国革命培养了大批人才。

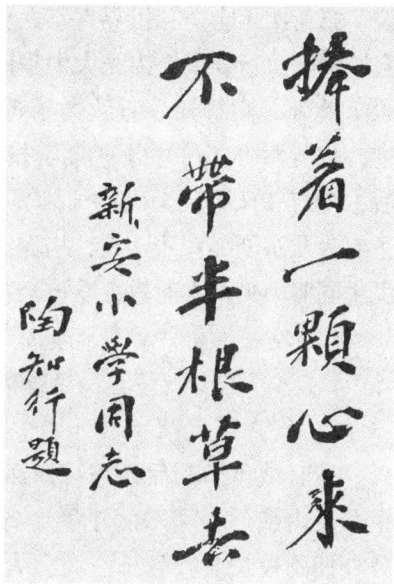

1928年陶行知为新安小学的题词

陶行知在燕子矶手书："想一想死不得"

九一八事变后，陶行知积极从事抗日救亡运动。1936年，当选为全国各界救国联合会执行委员和常务委员。同年7月，与沈钧儒、邹韬奋、章乃器联合发表《团结御侮宣言》。接着，受全国救国联合会委托，陶行知担任国民外交使节，出访欧、美、亚、非28个国家和地区，出席"世界和平大会""世界新教育会议"第七次年会，"世界青年大会""世界反侵略大会"，当选为"世界和平大会"中国执行委员，为光大中华民族在国际舞台上的形象做出了杰出的贡献。

此外，陶行知一直致力于近代教育事业。1938年8月，陶行知回国路过香港，倡导举办了"中华业余学校"，推动香港同胞共赴国难。全民族抗战开始后，陶行知认为，全民族抗战需要全面教育。1939年7月，在四川重庆附近的古圣寺为儿童创办育才学校，培养有特殊才能的儿童。1945年，陶行知当选为中国民主同盟中央常委兼教育委员会主任委员。

鞠躬尽瘁的民主斗士

抗日战争胜利后，陶行知面对国民党的独裁统治，立即投入反独裁、争民主、反内战、争和平的斗争。1945年1月，在重庆创办社会大学并任校长，李公朴任副校长兼教务长。社会大学的宗旨是"人民创造大社会，社会变成大学堂""大学之道，在明民德，在亲民，在止于人民之幸福"，有力地推动了民主教育的进程。同年4月，陶行知回到上海，继续投入反独裁、争民主、反内战、争和平的斗争中。

南京陶行知墓

在他生命的最后100天，他在工厂、学校、机关、广场发表演讲100余次。民主战士李公朴、闻一多遭国民党特务暗杀，陶行知被列为黑名单上的第三名。他一面做好了"我等着第三枪"的牺牲准备，一面继续坚持斗争，视死如归，始终站在民主运动的最前列。终因"劳累过度，健康过亏，刺激过深"，于1946年7月25日患脑溢血逝世，享年55岁。

陶行知的一生，是在人民涂炭、国家多难、民族危急之秋度过的，他以"捧着一颗心来，不带半根草去"的赤子之忱，与劳苦大众休戚与共，与共产党人亲密无间，为人民教育事业，为中国的民族解放和民主斗争事业鞠躬尽瘁，奋斗终生，做出了不可磨灭的贡献。他是一位爱国者、革命家，一位坚定的民主斗士。陶行知先生思想深邃、著作宏富，宋庆龄称他"万世师表"，郭沫若赞他是"两千年前的孔仲尼，两千年后的陶行知"，堪称中国近代教育史上的"一代巨人"。同时，他才华出众，还是一位诗人、演说家、书法家。正如一位日本友人所说，"陶行知不仅属于中国，也属于世界"。

吴运铎（1917—1991），湖北黄安人，人民军队兵工事业的开拓者，从事火炮技术研究的兵工专家。他心系兵工，为人民兵工事业无私奉献。曾三次负伤，仍战斗在生产一线。他把毕生精力献给了党，被誉为"中国的保尔·柯察金"。

我军兵工事业的开拓者

吴运铎出身于煤矿职员家庭。8岁时随父亲流落到江西萍乡，在安源煤矿读完小学四年级之后，因家境困难被迫辍学。他先后在富源、源华煤矿做童工、当学徒。1938年9月，他参加了新四军，在新四军司令部修械所工作，从此与我国兵工事业结下不解之缘。

当时的生产条件极其困难，既无厂房、设备，又无资料和原材料，只有偏僻山村中一处简陋的茅草农舍。吴运铎带领战友们克服重重困难，在一个月内就建起了制造、修配、锻造等车间。他刻苦学习制造枪械的基本知识和技能，在很短的时间内就掌握了修理"法国老套筒""日本三八式""中国汉阳"造等各类枪支和制造各种步枪零件的技术。他们自制生产设备，成功地制造出第一批新步枪。著名美国记者史沫特莱女士参观工厂后，曾激动地说："我从美洲到欧洲，到过很多国家，也看见过很多工厂，可是还没有见过像你们这样的兵工厂。你们这个兵工厂真是世上少有。"

战争年代，他们在研制枪械炮弹的同时，还要躲避日伪军的扫荡。每当日伪军进攻根据地时，他就带领大家打游击。敌人撤走后，他再带领大家抓紧时间生产。

他先后在新四军二师军械制造厂和新四军兵工厂担任技术员、副厂长，1939年入党。1940年，吴运铎被任命为子弹厂厂长。在一穷二白的境况下，研究子弹谈何容易。为了供应前方的军需，他毅然挑起了重担。他小心翼翼地把子弹头拔下来，认真揣摩构造，精心计算各种用料的重量。在敌人重重封锁下，火药原料是找不到的，吴运铎只好去找代用品。他想方设法将红头火柴的头刮下来，用酒精泡开，制成火药。没有酒精，就用老烧酒蒸馏后，代替酒精使用。因为火柴头爆炸力太强，他就用锅灶上的烟锅子掺在一起，配成合用的火药。后来红头火柴用量大，根据地又供应不上，就从药店里买来雄黄和洋硝，混合配制，才解决了难题。制造弹头的材料更加缺乏，他就试着把铅熔化了注入模型，做子弹头。但铅经不住高热，步枪有炸膛的危险，后改用铜圆，放在弹头钢模里压成空筒，做成尖头的子弹头，里面灌上铅，才试验成功。为制造军工机床，他组织大家用废铁堆里找到的几节切断了的钢轨，中间钻洞安装上模型，然后把铁轨钉在案上，算是代用的"冲床"了。利用废钢铁，加工成各种简易的机床，装备了军工厂，突破了难题。

在新四军里，鉴于日伪军在淮南津浦路四处修筑了碉堡群，步枪、手榴弹难以对付，吴运铎便设计制造出专门攻坚用的简易平射炮。在攻占鸡岗的战斗中，36门平射炮一齐开火，碉堡即刻土崩瓦解。后来他又把炮的口径从36厘米扩大到42厘米，增加射程到4公里。他设计制造的枪榴弹，射程达540米，也很受部队欢迎。

在条件极端艰难困苦的状况下，用简陋的设备研制出杀伤力很强的发射架及定时、踏火的各种地雷。军工厂还修复了大量枪械，为提高部队战斗力做出重要贡献，在抗日战场上发挥了巨大的作用。

1947年初春，吴运铎被派到东北一个海港，参加建设新的军工厂，担任总厂工程部副部长，负责建立引信厂，兼任厂长。新中国成立后，吴运铎先后任中南兵工局副局长、二机部第一研究所所长和兵器科学研究院副院长兼总工程师，并于1952年至1954年在苏联远东兵工厂进修实习。回国后，他任447厂（新建火炮工厂）总工程师，此后他又从事火炮技术研究。1954年至1965年，他主持无后坐力炮、高射炮、迫击炮和轻武器等多项重大课题研究，取得了重大成果，并且为国家培养了一批年轻的兵工专家，为国防现代化和改善我军装备做出了贡献。

把一切献给党

他虽为厂长，但他始终保持工人的本色，生活简朴、不搞特殊、工作勤奋，始终坚持在生产一线。他经常深入工厂车间，亲自动手，与技术员、工人们一起研制新产品，进行技术革新。

战争年代，我军兵工设备简陋，加上缺乏经验，生产的危险常常不亚于作战前线。吴运铎参加工作不久，在一次检修土枪实弹射击时，土造枪管突然爆炸，炸伤了他的左手。为试制各种弹药，他先后多次负伤，其中三次重伤，右腿致残，左手四根手指被炸断，左眼被炸几近失明，身上大大小小留下了100余处伤口。经过20余次手术，身上还留有几十处弹片没有取出。每次与死神擦肩而过后，他都奇迹般地顽强地活了过来，并以顽强毅力战胜伤残，坚持战斗在生产第一线。他说："只要我活着一天，我一定为党为人民工作一天。"

第一次负伤，是他在一次开发动机时，手摇柄突然掉下，砸伤了他的左脚。后来伤口发炎，他发高烧40多度，左腿感染。医生挖去腐烂的肌肉，在他的踝骨处留下一个月牙形的大洞。吴运铎在医院养伤的时候，听前线下来的伤员介绍：由于武器缺乏，有的战士还在使用鸟枪打仗；每个战士一般只有3发子弹，平时为壮声势不得不用高粱秆把子弹袋撑起来；打完了仗还要把弹壳捡回来上缴以重新复装。他在医院再也躺不住了，不顾伤口尚未痊愈，便拖着伤残的身体、拄着树棍回到工厂。

吴运铎在生产车间

第二次，接到军工部指示，要他们赶快把几颗旧炮弹修好，支援前线。当时工厂根本没有制造炸药雷汞的原料，前线又急切需要炮弹。唯一的办法是从旧炮弹里挖取。吴运铎收集了一些旧炮弹，把雷管拆卸下来，浸在洗脸盆里。一周后开始挖炸药，因凉水只浸透了雷汞表面一层，里面还是干的，当他动手挖时，竹签子刚一接触炸药表面就"轰"的一声，在吴运铎手里爆炸了。他的左手当即被炸掉4个手指，肉和皮炸得飞起来。左腿膝盖被炸开，露出了膝盖骨。左眼直淌血，什么也看不见，脸上还被炸了几个洞。在医院里，吴运铎昏迷了15天，死亡严重地威胁着他。经过手术治疗，他的伤势有了好转。他一心惦记着工厂，想早日出院去参加战斗。但是，手和腿上的伤口老不见好。又过了几个月，在他一再恳请下，院长只好以"不许参加劳动"为条件，勉强同意他出院，要他回厂门诊所继续治疗。他拄着木棍又回到了兵工厂。

第三次，1947年在大连附近的实验场，他和吴屏周厂长一起检查射出去的哑火炮弹。突然，炮弹爆炸，吴屏周当场牺牲，吴运铎左手腕被炸断，右腿膝盖以下被炮弹炸劈一半，脚趾也被炸掉一半。

在多年的军工生产中，吴运铎落下了严重的伤残，身体极度虚弱。第三次负伤时，抢救的医生生怕他麻醉后醒不过来，做手术时连麻药也没敢用，吴运铎凭着顽强的毅力硬挺了过来。医生用X光检查后，发现他左眼里还残存一块小弹片取不出来，就坦率地告诉他有失明的危险。吴运铎却说："如果我瞎了，就到农村

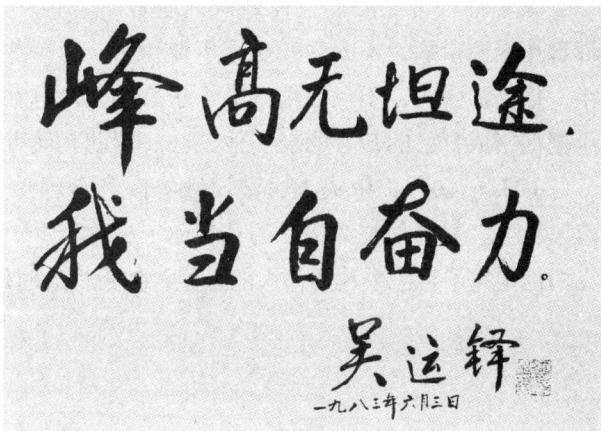

吴运铎手迹

去，做一个盲人宣传者！"在病床上，他利用尚存的微弱视力，坚持把引信的设计搞完，并让人买来了化学药品和仪器，将疗养室当成了炸药实验室，制造出新型的高级炸药。同时，他还学习日文，以便阅读参考资料。

第二次负伤时，他躺在病床上不能下地，就在床上画武器的设计草图，导致伤口迸裂，鲜血直流，但他浑然不觉，医生不得不没收了他的钢笔和小本子。

一次，美军飞机轰炸日本占领区时，投下的炸弹有8颗未炸，吴运铎便去拆卸。此时，炸弹里面的机件因震荡变形，落弹又相距很近，一个爆炸就会引爆其他哑弹。吴运铎让大家躲到安全的地方，自己不顾生死，上前细心检查构造，谨慎地拆下引信，不仅为附近居民消除了危险，而且从中取出了大量炸药。

中国的"保尔·柯察金"

吴运铎以毕生的奋斗，实践了自己"把一切献给党"的誓言。无论是在战火纷飞、硝烟弥漫的岁月，还是在和平建设时期，他为党、为人民无私奉献了自己的一切。他自强不息、无私奉献的精神，永远激励人们奋进。吴运铎始终保持革命战士艰苦朴素的本色，在生活上总是坚持低标准。"人民养育了我，我不能给人民增加负担。""峰高无坦途，我当自奋力。"这是吴运铎生前说过的话。

1953年，吴运铎根据自身经历撰写的自传《把一切献给党》印行了600多万册，还被译成俄、英、日等七国文字在海外发行，书中片断被选入我国中小学教科书。他的英雄业绩在人民中产生了广泛而深刻的影响，成为教育青年一代的生动教材。他的英名传遍海内外，被人们誉为中国的"保尔·柯察金"。

吴运铎十分关心、支持残疾人事业。他担任中国残疾人福利基金会理事，带着伤残和重病，不断为残疾人事业操劳。对一些丧失生活勇气和信心的残疾青年，他倍加爱护，不仅在精神上给予鼓励，而且在物质上给予帮助。许多残疾青年把他当成自己的知心朋友。他关心、帮助其他青年的事例，也不胜枚举。

1951年10月，中央人民政府政务院和全国总工会授予他"特邀全国劳动模范"称号，并将他誉为中国的"保尔·柯察金"。1991年，他因病去世。他无愧无悔地走完了自己平凡而伟大的人生；他无愧为时代楷模、道德楷模。

陈嘉庚 ⊖

华侨领袖，实业兴国

陈嘉庚（1874—1961），原名陈甲庚，字科次，福建集美人。著名的华侨实业家、教育家。曾任南侨总会主席、中央人民政府委员、全国侨联主席等职，曾被毛泽东誉为"华侨旗帜，民族光辉"。

少年随父下南洋，海外打拼储巨资

陈嘉庚1874年10月21日出生于福建厦门的集美村。从陈嘉庚祖父开始下南洋经商，故其父辈三兄弟也先后南下从商。陈嘉庚从小家境殷实，衣食无忧，少年时期读当地私塾。17岁（1891年）的陈嘉庚也南下新加坡，进入父亲（陈杞柏）的米店开始了他一生从商的道路。

陈杞柏经过多年打拼，积累了大量产业。他以顺安米业为主业，下设有顺安、协安、竹安、新开茂、振安（铁店）、源安（米店）、德安（米店）、复安（米店）、庆成（白灰店）、金胜美（经纪行）等店号，兼做地产、种植园等，拥有黄梨园数百顷，黄梨厂制作成品远销欧美，其出口量号称占当地出口总量的七成。

1904年，由于经营不善，陈杞柏创办的各店先后倒闭，直至顺安停业。陈杞柏负债20余万元，宣布破产。陈嘉庚接管父亲破败的产业，等同于重新创业。至1904年接管伊始，陈嘉庚大刀阔斧进行改革、重组，甩掉不良资产，重新组建罐头厂，取名"新利川黄梨厂"，并购了经营菠萝罐头厂的日新公司，创建谦益米店等。1905年，创办"日春黄梨厂"（兼制冰）。1906年，入股恒美熟米厂。

厦门集美陈嘉庚纪念馆前的陈嘉庚雕像

经过4年的经营，陈家家业被陈嘉庚救活。他在商场上征战，靠的就是"诚信"二字，几年的翻身仗打得异常艰苦，但他始终没忘父亲的债务。手头刚刚有点钱，就开始四处寻找债主的下落。直至1907年，他为父亲还清了所有债务，在整个东南亚商界轰动一时，成为广泛流传的佳话，也为他在日后的商场打拼赢得了极高的口碑和信誉。

初创成功的陈嘉庚经过几年的努力，建立起了一个多元化经营的实业王国，麾下拥有米厂、米店、制冰厂、罐头厂、种植园等生产及销售体系，之后又开始涉足橡胶行业。起初，第一次世界大战爆发前后，菠萝市场受到冲击，经营惨淡，各种植园主纷纷低价出售菠萝种植园。陈嘉庚看准时机，收购大量种植基地，为日后的橡胶产业打下了坚实的基础。

1914年冬，受第一次世界大战的影响，以出口为主业的陈氏产业受到冲击。陈嘉庚重新调整战略，甩掉囤货，进军运输业。先后租借、购买多艘货船，用于运送需求量大的熟米给印度及承接、租赁给英、法等国政府运输物资。此项业务的开展，不但填补了其他行业的损失，而且还成为陈氏产业的一个新的增长点，仅一年的时间就赢利20余万元。

1916年，第一次世界大战后，美国市场对橡胶的需求量大增，带动了东南亚地区的橡胶产业。这时，有大片土地的陈嘉庚再次调整经营，把目标转向橡胶行业，集中力量投资橡胶的种植、生产、销售。把手中大面积的菠萝园改种橡胶，又不断地收购种植园来种橡胶。直到1925年，他坐拥15000英亩的橡胶种植基地，成为东南亚地区最大的橡胶生产商之一。他先后将新加坡土头桥的菠萝罐头厂和恒美熟米厂改作"谦益"橡胶厂，生产橡胶鞋、轮胎和日用品。陈嘉庚的产业王国涉足橡胶业、米业、运输业、木材、日用品等行业，其鼎盛时期的分销店面遍布世界各地100余处，拥有员工3万余人，成为真正的南侨实业大亨。

兴教强国为宗旨，倾尽所有建学校

陈嘉庚曾说："国家之富强，全在于国民，国民之发展，全在于教育，教育是立国之本。"这也是他一生致力的又一伟大事业。无论是在事业蒸蒸日上之时，还是惨淡经营之际，他始终如一地为教育、办学呕心沥血，肝脑涂地。

厦门集美是陈嘉庚的故乡，发迹的陈嘉庚不忘养育他的这方热土，拿出全部财产用于办学。1894年，20岁出头的他就捐献2000个银圆，在家乡创办惕斋学塾。1913年，先后出资创办了集美学校、女子小学、师范、中学、幼稚园，水产、商科、农林、国学专科，幼稚师范等，并在校内建起电灯厂、医院、科学馆、图书馆、大型体育场等。集美成为各科类学校最全的地区之一。1923年孙中山特批"承认集美为中国永久和平学村"，"集美学村"之名就是由此而来。这是当时全国唯一一个学村。

集美学村在不断完善过程中，陈嘉庚又开始出资创办厦门大学。厦门大学有文、理、法、商、教育，5院17个系，需要庞大的经费支出才能维持它的日常运营。从1921年起建至抗日战争爆发前后，陈嘉庚先生一直独自承担着厦门大学的全部开支，即便在经济拮据、生意不景气时期，也恪守不渝，毅然卖掉自有的三座大厦，作为维持厦门大学的经费。"宁可变卖大厦，也要支持厦大。"这句感人肺腑的话，再次证明了他的人格魅力与高尚情操。

他先后在闽南范围内创办了70余所学校，又先后在新加坡倡办及赞助了道南小学、爱同小学、崇福小学、南侨中学、南侨师范和水产航海等学校。他一生用于兴学的资金超过一亿美元，几乎散尽了他的全部家财。黄炎培先生曾说："发了财的人，而肯全拿出来的，只有陈先生。"

"教育不振则实业不兴，国民之生

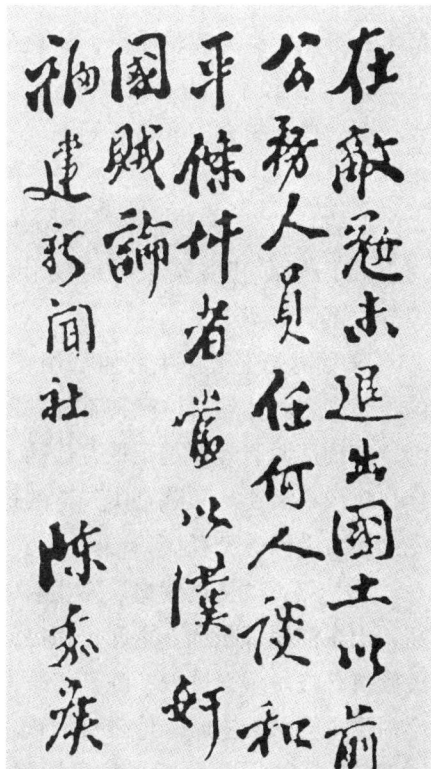

在敌寇未退出国土以前，凡公务人员任何人倡和平条件者当以汉奸国贼论

福建新闻社

陈嘉庚

1938年10月，陈嘉庚用电报给正在重庆召开的国民参政会第一届第二次会议发来提案

205

计日绌……言念及此，良可悲已。吾国今处列强肘腋之下，成败存亡千钧一发，自非急起力追难逃天演之淘汰。鄙人所以奔走海外，茹苦含辛数十年，身家性命之利害得失，举不足撄吾念虑，独于兴学一事，不惜牺牲金钱竭殚心力而为之，唯日孜孜无敢逸豫者，正为此耳。诸生青年志学，大都爱国男儿，尚其慎体鄙人兴学之意，志同道合，声应气求，上以谋国家之福利，下以造桑梓之麻祯，懿欤休哉，有厚望焉。"陈嘉庚先生在教育事业上所做出的努力与贡献让人折服，从而直接影响到了周围的人。他的女婿，也是一位名声显赫的橡胶大王——李光前，受了陈先生的影响，被他的爱国情怀所感染，也把自己在商海赚来的钱用于兴建学校。李光前先后在其老家福建梅山投资建立了国专小学、国光中学，又扩建了国光幼儿园、国光中学、国专医院和国专影剧院等，为家乡建设做出了巨大贡献。在陈嘉庚先生的积极倡导下，许多南洋华侨也都纷纷解囊，捐资助学蔚然成风。

陈嘉庚先生在不遗余力的出资办学过程中，形成了自己独有的一套教育理念：第一，他提倡女子教育，反对重男轻女；第二，强调优待贫寒子弟，奖励师范生；第三，讲究教学质量，注意全面发展；第四，主张"没有好教师，就没有好学校"；第五，为了振兴实业，培养生产技术人才，倡办职业技术教育；第六，要求普及教育，并订下同安"十年普及教育计划"，设立同安教育会和教育推广部。

陈嘉庚先生一生简朴，省吃俭用，从不浪费，把钱大都用在了教育事业。这正应了他那句座右铭："应该用的钱，千万百万也不要吝惜，不应该用的钱，一分也不要浪费。"

陈嘉庚先生把一生心血都用在了教育事业上，正是他的一颗赤子之心，报国、救国之心使然。"民智不开，民心不齐，启迪民智，有助于革命，有助于救国，其理甚明。教育是千秋万代的事业，是提高国民文化水平的根本措施，不管什么时候都需要。"陈嘉庚先生的这句名言，证明了他是一个真正以民族大义为先的伟大爱国主义者。

1928年，"济南惨案"发生后，在南洋华人华侨中声誉极高的陈嘉庚先生出任"山东惨祸筹赈会"主席，积极筹款救济难民，发起抵制日货运动。1937年全民族抗日战争全面爆发，陈嘉庚被推选为"南洋华侨筹赈祖国难民总会"（简称"南侨总会"）主席。他带头捐款，组织抗日活动。仅1939年，南洋华侨就向祖国汇款3.6亿多元。全民族抗日战争爆发后4年半的时间，共计捐款约15亿元，极大地支援了国内的抗日力量。

陈嘉庚先生不惜一切地坚持抗日，对于汪精卫伪政府的暧昧与害怕打仗、力主言和的态度，陈嘉庚在国民参议会上提出"在敌寇未退出国土以前，公务人员任何人谈和平条件者当以汉奸卖国论"，并发表于福建新闻社，呼吁全国人民团结起来，一致抗日。

1940年，陈嘉庚先生率领南洋华侨慰劳团，赴前线慰劳抗日将士。来到延安后，他看到了抗战的真相，对共产党有了全方位的了解。他看到了"国民党的官员腐败，拿着先进武器打自己人，民众疾苦无人问"与共产党的"团结群众、一致抗日，武器装备再差也要一战到底"的精神之间的区别，还看到了中国的希望只有在共产党的领导下。从那时起，他便开始支持、拥护共产党，反对内战，反对国民党的独裁。

1949年，新中国成立前夕，陈嘉庚先生应毛泽东的邀请，回国参加中国人民政治协商会议筹备会议。10月1日，他在天安门城楼参加了中华人民共和国开国大典。此后，陈嘉庚历任中央人民政府委员，中国人民政治协商会议第一届全国委员会常务委员，中央华侨事务委员会委员，华东行政委员会副主席，中华全国归国华侨联合会主席，第一届全国人大常委会委员，政协第三届全国委员会副主席等职务。

1961年8月12日，陈嘉庚先生在北京病逝。"陈嘉庚先生治丧委员会"由周恩来总理担任主任委员，丧仪极为隆重。陈毅在吊唁的时候激动地说："陈嘉庚先生是一个有骨气的中国人。作为华侨领袖来说，他是一个杰出的爱国主义者，追随革命，善始善终，值得后人学习。"公祭结束，陈嘉庚的灵柩南迁至老家集美鳌园。

陈嘉庚先生在中国近代史上画上了浓重的一笔。他的道德风尚，让后人敬仰；他为国家，为民族做出了巨大的贡献与牺牲；他的名字，将永载史册。

后 记

　　2013年8月，四川人民出版社提出编辑出版一套扼要反映古今中华道德楷模事迹的知识性读物，书分三卷，即古代卷、近代卷、当代卷，并委托白云涛同志主持编写工作。同月，在白云涛同志主持下，经编著者和出版方研究讨论，确定了全书编写原则和基本体例，以及各卷所要撰写的人物。

　　本书古代卷是由杨建同志完成的，白云涛同志审阅定稿。在搜集整理资料、编辑图片说明、审核与校对等工作中，得到了郑国柱、陈家新、张侃侃、孔雷、孔令思、伍俊颖、易冬秀、高秀琴、韩慧、李月华、陈福林、陈敬、郑娇、金圣海、娄家鹏等人的支持与帮助，在此一并表示感谢。书中部分题图是中央美术学院的朱仲鱼参照有关历史人物绘画资料重新绘制的，特此感谢。

　　近代卷是由张侃侃同志完成的，白云涛同志审阅定稿。高灵灵、李婷、张志建、张越参与了部分撰写工作。本卷在搜集整理资料、编辑图片说明、审核与校对等工作中，得到了郑国柱、陈家新、杨建、高秀琴、韩慧、伍俊颖、韩雪、朱仲鱼、陈敬、李月华、郑娇等人的支持与帮助，在此一并表示感谢。

　　当代卷是由郑国柱、金圣海、韩慧三位同志共同完成的，白云涛同志审阅定稿。在搜集整理资料、编辑图片说明、审核与校对等工作中，得到了杨建、陈家新、张侃侃、韩雪、施巍、刘桂云、马晓利、吴杨方舟、杨世杰、张蕊、郑娇、娄嘉鹏、伍俊颖等人的支持与帮助，在此一并表示感谢。

　　本书2014年出版之后，受到读者的广泛好评和市场认可。中华道德楷模的优秀品质是中华民族宝贵精神的具体体现，尤其是中国共产党成立以来的道德楷模的优秀品质，可以说是中国共产党精神谱系的一部分，本套丛书值得修订再版。同时，从2014年到2021年中国共产党成立100周年前夕，又涌现出很多新的道德楷模，应该补充进书中。有鉴于此，我们对原稿进行了系统梳理，除核对校正改写部分原稿外，又以2021年中国共产党成立100周年为时间节点，各卷分别增补了部分道德楷模人物和事迹，使得本书内容更加完善。本书的修订增补改写工作，仍由各卷原作者完成，白云涛审阅定稿。

　　本书在编写过程中，吸收了大量的现有研究成果，因是一般知识性读物，限于篇幅，没有列出主要参考资料，特此致歉。本书所配照片，大多采自图书和网络。因时间紧，任务急，有些照片和绘画作者未能署名。在此，我们除表示万分歉意外，还希望作者及时和我们取得联系，以便再版时增补署名。同时，我们还将以本书出版协议为基本依据，向作者支付稿酬。古代卷联系人为杨建（yangjian968@163.com），近代卷联系人为张侃侃（zkk500@163.com），当代卷联系人为郑国柱（minjianzhengguo@sina.com）。

　　因时间紧任务急，又因笔者水平所限，书中错讹之处，在所难免，恳请读者不吝指陈，以便下次再版时订正。

编著者

2022年8月